기업가 정신,
도시의 영혼을 만들다

부산테크노파크 창립 25주년 기념 기획도서

기업가 정신,

도시의 영혼을 만들다

기업 가치 5조 기업부터 로컬 크리에이터까지
부산을 움직이는 혁신 기업들

Great
Company

목차

1부 **전통과 유산**

발간을
축하하며

박형준
부산광역시장

부산은 창업도시입니다. 오늘날 우리 경제를 지탱하고 있는 유수 기업들은 부산에서 창업하였습니다.

부산은 수성도시입니다. 6.25전쟁으로 존망의 기로에 섰던 대한민국이라는 국가를 지킨 것도 부산입니다.

부산은 버팀의 도시입니다. 산업화와 수출 시기 우리나라 경제를 든든히 떠받치는 역할을 하였습니다.

그런 의미에서 부산 사람들의 DNA에는 창업과 수성과 버팀의 결이 새겨져 있습니다. 그러나, 지난 세월 동안 부산이 흘려버린 것은 기업과 인재만이 아닙니다. 창업과 수성과 버팀의 정신과 가치도 약해져 버렸습니다. 경제와 산업의 활력은 돈과 기술만으로는 어렵습니다. 정신이 중요합니다. 생각이 중요합니다.

그것이 바로 '기업가 정신'입니다.

기업가 정신이 필요하다는 것은 모든 이를 기업가로 만들겠다는 것이 아닙니다. 모든 사람에게 필요한 변화와 혁신과 도전의 시민정신이 바로 기업가 정신입니다.

전 세계적으로 디지털 전환, 4차 산업혁명, 인공지능혁명이 급속하게 진행되는 여건 속에서, 부산은 글로벌 허브도시를 통해 이러한 변화를 능동적, 선도적으로 이끌고자 합니다.

그 과정에 가장 필요한 것이 바로 이 변화를 스스로 생각할 수 있는 힘과 혁신의 파동을 만들어가는 기업가 정신이라고 생각합니다. 그런 의미에서 이 변화의 시대에 걸맞은 기업가 정신을 짚어보는 것은 매우 중요합니다. 기업인들의 생생한 목소리를 통해 부산의 기업가 정신이 무엇인가를 이해하는 것은 기업이 시민사회 속에 굳건히 뿌리박게 하는 중요한 과정이라고 생각합니다.

시민정신의 핵심에 기업가 정신이 녹아들어야 하듯이, 기업도 시민사회 속에서 책임 있는 존재로 지속되어야 합니다. 이른바 '기업 시민'의 역할입니다. 기업 시민이라는 가치의 핵심은 기업가 정신의 사회적 확산과 시민사회적 윤리의 기업 내 체화를 통해 성장할 것입니다.

그런 의미에서 부산테크노파크라는 기업종합지원기관을 중심으로 백년어서원, 부산학당, 아테네학당, 부산출판문화산업협회 등 인문 단체와 공간이 공동기획하고, 지방분권균형발전 부산시민연대가 힘을 합친 것부터 큰 의미가 있습니다.

특히, 부산아테네포럼 시민아카데미의 주제로 '나는 기업이자 혁신이다'라는 기업가 정신 연속 시민아카데미를 개최한 것은 더욱 뜻깊다고 생각합니다. 일회성 강의로 그치는 것이 아니라, 시민이 공유할 수 있도록 정리하고 기록하는 것도 중요합니다.

창업, 수성, 버팀의 역사적 자산을 가진 역동적인 부산의 기업가 정신은 우리나라 기업가 정신의 모델이 되기에 충분합니다. 이를 바탕으로 우리나라와 세계를 변화시키는 혁신적 기업 활동이 활발해지기를 기대하면서 『기업가 정신, 도시의 영혼을 만들다』의 발간을 진심으로 축하합니다.

또한, 많은 시민과 독자들이 이 책을 통해 부산의 기업가 정신에 공감하면서, 각자의 삶에 닥치는 시련과 도전을 변화와 혁신으로 극복하는 자양분으로 삼을 수 있기를 기대합니다.

창업의 도시, 부산
수성의 도시, 부산
버팀의 도시, 부산

기업가 정신의 도시, 부산

혁신을 지향하는 도시의 영혼
부산의 기업가 정신을 이야기하다

부산테크노파크 김형균 원장

부산이 현재 직면한 위기는 다양한 측면에서 나타난다. 먼저, 지속적으로 감소하는 인구는 지역 사회와 경제에 가장 큰 영향을 미치고 있다. 지난 10년간 부산 인구는 약 23만 명이 감소할 정도로 심각하다. 혼인율, 출산율 감소도 큰 문제이지만, 청년들의 수도권 이동은 갈수록 가속화되고 있는 실정이다. 대한민국의 수도권 집중 현상이 오늘 내일의 일은 아니지만, 부산으로 범위를 좁히면 문제는 더욱 커지고 있음을 알 수 있다. 부산의 취업자 수와 지역총부가가치의 비중이 갈수록 낮아지고 있으며, 부산시 국내총생산은 전국 대비 4.8% 수준(2022년 기준), 1인당 지역 내 총생산은 전국 평균(4,195만 원)을 하회하는 수준이다. 부산의 총소비는 전국 평균(4.2%) 대비해 크게 상회하고 있지만, 총투자는 건설 투자

등이 줄어 감소하고 있다는 것도 알 수 있다.

하지만 위기는 곧 기회이다. 부산은 태평양과 맞닿은 제1의 항구도시로 항상 기회의 땅으로 여겨진 곳이다. 근대부터 지금까지 부산에서 수많은 기업이 태동했던 바 있다. 일제강점기의 조선방직을 비롯하여 LG(락희화학공업사), CJ(제일제당), 대우(신진자동차) 등의 대기업들이 부산에 그 창업 유산을 두고 있다는 것은 우연이 아니다.

팬데믹 시기를 보내면서 부산은 새로운 성장 가능성을 지닌 도시로 전 세계의 주목을 받기 시작했다. 부산은 디지털, 경제, 정책, 문화, 교육, 안정성, 인프라 등 전반적 분야의 개선을 통해 글로벌 스마트 도시로서의 입지를 다지기 시작했고, 글로벌 관광도시로서 코로나 시기에 침체됐던 관광산업 재도약의 신호탄을 쏘아 올렸다. 또 2020년 3천억 규모에 불과했던 기업투자 유치 실적은 2023년 4조 원으로 역대 최대 실적을 달성하기도 했다. 환태평양과 유라시아를 연결하는 가덕도신공항 건설과 글로벌 스마트센터지수 세계 22위(국내 1위), 국제금융센터지수 29위 등의 성과는 부산이 글로벌 투자 환경의 최적지임을 다시 한번 확인하는 계기가 됐다. 이제 부산은 위기를 발판으로 2030 글로벌 허브 도시를 향한 5대 미래 신산업을 활기차게 추진하고 있다.

부산의 5대 미래 신산업은 전력반도체, 이차전지, 미래항

공, 디지털 헬스케어, 디지털 금융 등으로 나뉘며, 구체적 플랜과 함께 제시된다. 첫째 동부산 마운틴밸리는 파워반도체의 거점으로, 둘째 수영강 벨트는 디지털 혁신의 거점으로, 셋째 원도심의 스타트업 벨트는 '청년창업의 허브'로, 넷째 영도의 부스트 벨트는 해양 신산업의 거점으로, 다섯째 서부산 낙동강 벨트는 스마트 헬스케어와 스마트팩토리로 대표되는 스마트시티로 채워가고 있다.

'부산아테네포럼 시민아카데미BACA : Busan Athene forum Citizen Academy'는 위기를 기회로 바꿔 온 부산의 에너지와 정신을 잇는 인문 담론의 시민적 확산을 위해 시작되었다. BACA는 부산테크노파크가 아테네학당, 백년어서원, 부산학당, 부산출판문화산업협회 등 지역 대표 인문사회단체와 힘을 합친 값진 결과물이다. 특히 2023년과 2024년을 관통하며 총 11회의 강연으로 진행된 BACA는 부산의 기업과 기업인들을 주인공으로 내세워 부산기업의 역사, 도전정신과 혁신, 그리고 현재와 미래를 살펴보았던 의미 깊은 프로그램이었다.

2023년 9월에 시작한 시즌 1은 청년 스타트업 기업인이 보여주는 '새로운 미래'로 출발하여, 부산지역을 대표했던 기업들과 역사, 정신, 그리고 선배 기업인의 노하우 등 전체를 아우르는 총론의 시간을 가졌다.

1강에서는 모모스커피 전주연 대표가 월드바리스타 챔피

언십 도전기를 통해 스타트업 청년 기업가의 패기를 먼저 보여주었고, 2강부터는 본격적으로 총론이 시작되었다. 강동진 교수는 서면을 중심으로 한국경제의 성장을 이끌어온 부산 창업기업을 훑어보면서 부산 창업기업의 유산과 정신을 되새기는 시간을 가졌다. 3강의 김태만 교수는 중국 고전을 바탕으로 노블레스 오블리주를 강조하며 부산의 기업가들이 가져야 할 정신을 설명했고, 4강의 박상현 맛칼럼니스트는 우리나라 최초의 근대도시이자 산, 들, 강, 바다가 다 있는 부산이 외식산업과 관광산업의 시너지로 새로운 미식의 시대를 맞이하리라는 가능성을 제시하기도 했다.

2023년을 보내며 마무리한 시즌 1의 반응은 뜨거웠다. 부산의 기업이 걸어왔던 역사와 미래에 대한 가능성을 품은 담론은 커다란 의미를 지니기에 충분했다.

혁신과 전환! 시즌 2는 시련 속에서도 굳건히 부산을 지키며 성장해 온 중견기업 대표들과 새로운 미래를 준비하는 스타트업 기업인들이 주인공으로 나섰다. 그리고 강연은 그들의 도전정신과 새로운 혁신의 이야기로 채워졌다.

제일 먼저 시작한 5강의 주인공은 금양이노베이션(주) 장석영 대표이사였다. 장 대표이사는 '수소연료전지 혁신기업 금양이노베이션의 기업가 정신'을 주제로 강연했다. 발포제 세계시장 석권, 수소연료전지 도전, 이차전지 셀 시장의 과감한 도전 등 흥미진진한 기술혁신과 도전의 이야기를 펼쳐 냈다. 이어진 6강의 동아플레이팅(주) 이오선 대표는 삼성이 찾는 기업, MZ가 좋아하는 기업으로 성장하기까지의 과정과 경영가치에 대해 흥미진진한 스토리로 들려주었다. 7강의 파나시아 이수태 회장은 사선경영을 통해 새로운 창조에 도전했던 노력과 인재경영, 기술경영, ESG 경영을 통해 미래로 나아가는 기업정신을 강조했으며, 8강의 슈올즈 이청근 회장은 '신발에 과학을 담고, 통증 없이 노후까지 행복한 삶을 돕는다는 가치를 담아 글로벌 기능성 신발 브랜드로 성장하겠다'는 포부를 밝히기도 했다.

또 9강과 10강, 그리고 11강은 젊은 스타트업 기업인이 주인공으로 나서 당찬 소신과 미래에 대한 전망을 설명했다. 제엠제코(주) 최윤화 대표는 우리 일상에서 떼려야 뗄 수 없는 전력반도체의 역할과 수도권에서 부산으로 이전한 도전 과정에 대해 소개하고, 새로운 먹거리 창출의 키워드로서의 전력반도체를 강조했다. 10강의 장애인 업무 플랫폼 ㈜브이드림의 김민지 대표는 삼십 대 여성 기업가로서 창조적 발상의 전환을 강조했고, 11강의 소셜빈 김학수 대표는 더 나은 삶의 가치를 만들고자 젊은 나이에 세상에 나섰던 이야기와 기획, 제작, 유통까지 직접 진행하는 소셜빈의 기업정신에 대해 강연했다.

2023~2024부산아테네포럼 시민아카데미BACA는 이렇게 쉬지 않고 달려왔다. 프롤로그에 잠시 언급한 내용은 11강의 다양한 보석들을 만나기 위한 마중물이다. 이 책은 값진 열정의 경험과 도전의 열기를 그대로 전했던 11강의 강연을 만나지 못한 이들을 위한 요약본이자, '기업가 정신, 도시의 영혼을 만들다'라는 주제로 펼쳐진 BACA의 소중한 기록이다.

단순히 내용만 요약하지 않고 강연의 현장성을 살리자는 생각에 기록도 지역 작가들과 함께했다. '즐거운 작가들'의 다섯 작가(강희철, 박미라, 배길남, 이기록, 정재운)가 돌아가며 직접 현장에서 강의를 들었고 수강생의 눈으로 의미를 되새기며 글로 남겼다. 이 자리를 빌려 꼬박꼬박 강연에 참여해 기록과 집필을 진행해주신 작가들의 노고에 감사의 인사를 전하고 싶다. 여기까지의 과정에 또 다른 분들의 노고도 많았다. 무엇보다 바쁜 시간을 내어서 강의해 주신 기업인, 교수님들, 저녁 시간임에도 항상 좌석을 메워 준 수강시민들이 있었기에 진행이 가능했다. 사업을 처음부터 같이 구상하고 진행해 온 아테네포럼 기획위원들, 행사를 실무적으로 준비한 실무진들의 보이지 않는 노력 덕분에 새로운 시도가 빛날 수 있었다.

기업가 정신이 기업들만의 것이 아니라, 시민정신의 중요한 가치로 스며들어 혁신을 지향하는 도시의 영혼이 될 수 있기를 바라는 마음에서 본서를 상재上梓한다.

◆ 일러두기
    이 책은 아테네포럼 강의 현장에서 함께한 '즐거운 작가들
    (강희철, 박미라, 배길남, 이기록, 정재운)'이 공동 집필했습니다.

1부

전통과 유산

한국경제 성장기를 이끈 부산, 창업기업의 유산과 정신

경성대학교 도시계획학과 강동진 교수

합계 출산율 0.6%. 나날이 고령화는 심각해지고, 청년들은 일자리가 없다며 부산을 떠나고 있다. 이에 '노인과 바다'라는 자조 섞인 한탄을 멈출 실마리를 찾기 위해 부산아테네포럼이 결성되었다. 부산의 기업정신에 대한 인문학적 고찰을 통해 부산 경제에 활력을 불어넣고자 시민, 산업계, 인문학계가 함께 담론 형성의 장을 펼친 것이다.

로컬 기업의
상생 모델

경성대 도시계획학과 강동진 교수의 강연은 그 취지에 어울리는 본격적인 총론이었다. 주제는 '부산 창업기업의 유산과 정신'. 평소 인문학적 관점에서 부산의 발전 방향을 제시해 온 학자의 강연이라 더욱 기대가 컸다. 부산 창업기업의 정신을 좇아가다 보면, 부산이 안고 있는 가장 시급한 과제인 '경제 활성화 방안'의 실마리를 발견할 수 있으리라.

강연장인 아테네학당은 보수동 책방골목 초입에 늠름하게 서 있는 4층 건물이다. 라파엘로의 명화 <아테네학당> 그림 속 인물들 손에 들려 있던 책들이 건물 외벽에 디자인되어 있어 지나가는 사람들의 눈길을 사로잡는다. 안으로 들어서자 진한 커피 향이 먼저 손님들을 맞이한다. 곳곳에 배치되어 있는 책들은 누구라도 편하게 꺼내 볼 수 있다. 책방은 물론 강연, 북콘서트, 모임 등 복합문화공간으로 사용되는 아테네학당은 책방골목이라는 정체성에 부합하게 시민들의 휴식 공간이 되고 있다. 당초 오피스텔이 들어설 공간이 책방골목의 랜드마크가 된 건 역사성을 지닌 책방골목을 문화유산으로 보존해야 한다는 지역주민과 이에 동감해 용도를 변경한 아테네학당 김대권 대표가 있었기에 가능한 일이었다.

가을에서 겨울로 넘어가는 문턱이라 바람이 제법 쌀쌀했지만, 강연장에는 많은 시민들이 와 있었다. 나이 지긋한 어르신이 관심을 가질 법한 주제라 생각했는데 의외로 젊은이들도 많았다. 부산을 사랑하고 부산 발전을 고민하는 사람들이 이렇게 한자리에 모일 수 있다니…. 새삼 가슴이 뜨거워졌다.

강동진 교수가 부산에 정착한 지는 23년. 이제는 완전한 부산 사람이라고 소개하면서 부산만큼 좋은 도시는 없다고 했다. 부산은 잠재력에 비해 방향을 잡지 못해 박한 평가를 받고 있는 도시라고 진단했다. 그는 부산을 객관적으로 바라보면서도 부산 사람으로서 부산 발전에 진심인 연구자다. 이런 분이 있다는 게 참 다행스럽고 귀하게 여겨졌다.

강 교수는 부산에 뿌리를 둔 기업, 또는 부산에서 창업하고 번성했던 기업들을 대상으로 '부산 창업기업의 유산과 정신'을 찾았다. 강연을 앞두고 지역에서 성장한다는 것의 의미를 깊이 고민했다고 한다. 기업의 경쟁력은 기술이며 기술이 지역에서 실현될 때 고용 증대로 이어진다. 고용 증대는 다시 기술 향상으로 연결되면서 선순환한다. 이때 지역성과 연결된 정신은 문화적 나눔을 낳는다. 요약하자면, 지역 기업의 성장 근거는 기술, 고용, 문화의 나눔! 세 가지 카테고리로 살펴볼 수 있다는 것이다.

기술과 고용의 선순환으로 대표적인 사례는 자동차산업이다. 누구나 알 법한 미국 디트로이트의 포드, 독일 슈투트가르트Stuttgart에 본사를 두고 있는 벤츠, 그리고 우리나라 울산의 현대는 기술력으로 지역의 고용을 확대했다.

최근 주목받는 도시 중 하나인 독일 중북부 볼프스부르크Wolfsburg는 자동차산업 도시다. 폭스바겐사가 지난 2000년, 공장 인근에 아우토슈타트Autostadt라는 자동차 테마파크를

조성했다. 이곳에서는 폭스바겐 계열사의 자동차 브랜드 등이 전시된 박물관과 고객센터, 대형 영화관 등 자동차에 관한 모든 것을 볼 수 있다. 고객들은 이곳에서 새로운 차를 구매할 수 있고, 리모델링한 공장 내부를 견학할 수도 있다. 세상에서 가장 큰 유리문은 관광객들의 눈길을 한눈에 사로잡는다. 아우토슈타트는 지난 20년 동안 4천만 명이 방문한 관광명소로 자리 잡았다. 기업이 단지 돈만 벌기 위해 노력하기보다 도시에 긍정적인 영향을 주고 도시의 잠재력을 깨워준 좋은 사례다.

기업이 지역과 긴밀한 관계 속에서 성장한 예는 또 있다. 혁신기업으로 손꼽히는 세계적인 브랜드 나이키의 본고장 오리건주 얘기다. 원래 오리건주는 서부 태평양 연안에 위치한, 목재업이 주산업인 조용한 시골 지역이었다. 1957년, 필 나이트Phil Knight가 오리건주립대학교에 입학해 육상부 선수가 되면서 사건이 일어난다. 당시 육상코치인 빌 바우어만Bill Bowerman을 만난 필 나이트는 육상 실력을 높이는 방법을 연구하다가 발이 편한 신발을 개발하기에 이르렀다. 둘은 의기투합해 오리건주에서 나이키를 창업했다. 필 나이트와 빌 바우어만은 나이키 창업으로 일군 이익을 지역에 돌려줬다. 우리 돈으로 1조 원이 넘는 액수를 오리건대학교에 지원했다. 오리건대학교의 상당수 학생들이 나이키에 취업했고, 이 학

생들이 나이키의 부흥을 이끌었다. 오리건대학교의 상징 'O'
는 육상 트랙을 형상화한 것이다. 오리건대학교는 나이키대
학교로 통용된다.

　일본의 구라시키라는 도시 사례는 문화적 나눔이라는 측
면에서 흥미롭다. 구라시키는 메이지 유신 이후 일본이 산업
을 부흥시킬 때 국가에서 운영하는 방직 공장들이 들어서면
서 산업도시가 됐다. 오하라 공장 역시 그런 방직 공장 중 하
나였다. 창업주인 오하라 마고사부로는 공장 운영을 통해 막
대한 이윤을 남겼고, 그 돈을 구라시키에 투자했다. 대표적
인 사업이 바로 일본 최초 서양미술 사립미술관 설립이었다.
1930년대 들어 이 미술관은 규모가 작음에도 불구하고 세잔,
드가, 르누아르 등 작품을 유치해 일본에서 가장 알찬 미술
관으로 발전했다. 이후 방직산업이 쇠퇴기를 맞았지만, 오하
라 가문은 구라시키를 떠나지 않았다. 오히려 공장과 노동자
들이 생활했던 주변 일대를 보전하는 방법을 찾았다. 무엇보
다 먼저 공장의 레트로하고 빈티지한 풍경을 살려 호텔로 변
모시켰다. 그 결과, 1970년대 일본 신혼부부들의 여행지 1위
숙소로 각광을 받으며 구라시키를 관광도시로 도약시켰다.
오하라 가문의 성공에는 시관의 역할도 큰 몫을 했다. 오하라
가문의 지역 보전 노력에 발맞추어 공장 일대를 일본 최초의
미관지구美觀地區로 지정해 여러 가지 지원 혜택을 제공하며

지역 보전에 동참했다. 창업주의 철학과 관의 지원이 만나 일군 도시재생의 사례다.

방직 공장이 탄생시킨 도시 구라시키 사례를 듣다 보니 강연이 진행 중인 이곳 아테네학당의 의미도 새롭게 다가왔다. 한국전쟁 이후 미군 부대에서 나온 헌책, 헌 교과서와 잡지를 팔았던 이곳. 시대의 변화에 따라 쇠퇴했지만, 한때 50여 곳의 헌책방들이 성행했던 보수동책방골목이 가진 문화적 자산은 적지 않다. 이런 자산을 잘 활용하면 구라시키 시처럼 될 수 있지 않을까? 부산 곳곳에서 재개발과 재건축 사업들이 끊임없이 진행되고 있다. 이 또한 도시를 재생하기 위한 방법이라고는 하나, 재생이 가진 원뜻을 왜곡한 것이다. 도시재생을 대할 때 자본의 관점보다 역사 문화적 의미를 살리는 방향으로 접근해야 옳지 않을까?

부산 창업기업의
지난 시간

이제 본격적으로 부산 창업기업을 살펴볼 차례다.

부산 창업기업의 태동기는 대한민국의 개항기와 겹친다. 1876년 '강화도 조약'으로 부산, 인천, 그리고 원산이 문호를 개방했다. 부산에서는 1883년 관변회사인 동계사를 시작으로 부산객주상법회사가 설립됐다. 이어 우리가 많이 들었던 이름, 철도왕 박기종 선생이 나온다. 1895년 한강 이남 최초의 근대 학교인 사립부산개성학교를 설립하고, 최초의 민간 기선회사와 우리나라 최초 민간철도회사인 부하철도회사를 창립한 인물이다. 1900년에는 초량명태고방으로 알려진 남선창고가, 1913년에는 최초 민족계 지방은행인 구포저축주식회사가 등장한다. 구포는 당시 농산물의 집산지로 경제 요충지였으므로 은행 영업은 성공적이었다. 독립운동가로 알려진 안희제 선생은 1914년 백산상회를 열어 얻은 이익으로 독립자금을 마련했다.

1920년대 이후부터 광복에 이르기까지 일제강점기에도 다양한 기업이 생겨났다. 오늘날 부산의 대표 기업으로 자리매김한 동명목재, 대선양조가 설립됐다. 1935년 탄생한 태평정미소는 일제강점기에 정미소를 통해 대기업으로 성장한 몇 안 되는 사례로, 해표 식용유로 알려진 동방유량을 포함한 사조그룹의 기원이다. 삼화고무는 당시 고무공장의 과잉 생산이 문제가 되자 조선총독부가 이를 정리하는 과정에서 생긴 회사다. 식민지 역사의 아픔이 느껴지는 대목이다.

광복 이후에는 중화학기업들이 속속 부산에 생겨났다. 오늘날 고려제강이 된 고려상사, LG의 모태인 락희화학공업사, 동일고무벨트의 모태인 동일화학공업소, 남선도료상회, 조광페인트공업사를 비롯해 유통업체인 미화당백화점까지 이 기업들이 설립됐다.

한국전쟁 이후부터는 물자 부족으로 인해 소비재 기업이 등장하기 시작했다. 원진연탄, 협성해운, 오복식품 등 우리가 잘 아는 기업들이 설립됐다. 1957년, 부산 최초로 원양산업이 시작되면서 이듬해 한성기업, 동원어업이 세워졌다. 이어 대우버스, 성창기업, 영남제분, YK스틸, 경남모직까지 들어서면서 부산은 경제 부흥기를 맞았다. 1950년대, 전쟁을 막 끝낸 대한민국은 전 세계에서 가장 가난한 나라였지만 부산만큼은 요즘으로 치면 억대 연봉을 받는 부자들이 수두룩한 도시였다.

　목재, 신발, 섬유를 중심으로 경제 발전을 이룩한 부산은 1973년, 전환점을 맞이했다. 정부가 부산을 성장억제 도시로 분류하면서 도시 내 공장 신설 증설이 제한되고, 중과세 정책으로 기업을 경영하기 어려운 상황에 놓이게 된 것이었다. 이때부터 부산은 기업들이 타지역으로 옮기면서 쇠퇴의 길을 걷게 됐다.

　1997년 대한민국을 강타한 IMF 한파는 불황의 늪을 헤매던 부산에 치명타였다. 태화쇼핑, 미화당백화점, 세원백화점, 리베라백화점 등 지역 유통업체와 국제종합토건, 국제종합건설, 자유건설 등 건설업체들이 줄도산했다. 부산의 창업기업 지형도가 빠르게 재편되는 가운데 재기한 기업도 있었다. 금강공업, 송월타월, 화승, 태웅, 태광, 르노삼성 등은 뼈를 깎는 노력 끝에 회생에 성공했다. 급변하는 경제 시류에 발맞춰 새로 진입한 기업들로는 삼덕통상, 아이손, 아로펙코리아, 벡스코 등을 들 수 있다.

　2000년대 들어 IT산업이 주류로 떠오르고 산업이 다변화되면서 이제는 발상의 전환을 이룬 새로운 기업들의 시대가 열렸다. 이제부터 '부산아테네포럼 시민아카데미'와 함께하게 될 기업인 금양이노베이션, 동아플레이팅, 제엠제코, 슈올즈, 파나시아를 비롯해 삼진어묵, 리컨벤션, 코렌스, 삼우이머션, 트리노드, 마상소프트 등이 대표적이다.

부산 창업기업들을 역사 순으로 살펴보니 어느 정도 머리에 정리가 됐다. 지금은 부산이 인구 유출과 경제 쇠락으로 인해 걱정과 우려가 높은 도시이지만, 한때 한국경제를 견인했다는 자부심이 솟아났다. 이 창업정신을 계승해 또 한 번 부흥의 역사를 쓸 수는 없을까? 다행히도 작지만 경쟁력 있는 지역 기반 신생 기업들의 활약이 희망을 보여주고 있다.

서면을 기반으로 한
부산 기업들

번쩍이는 네온사인과 술집, 개성 있는 가게들이 모여 있는 부산 최대의 번화가 서면. 지금의 모습으로 과거 부산 창업기업의 중심지라는 사실을 알기는 힘들 것이다. 시간을 거슬러 1970년대로 올라가면 서면 일대 하천을 따라 줄줄이 공장이 늘어서 있었다. 이 공장들이 오늘날 한국 기업의 모태였다는 강동진 교수의 설명에 고개가 끄덕여졌다.

그랬다. 이름만 대면 누구나 알 만한 기업들이 여기서 시작됐다. 55보급창 옆으로 조선방직이, 맞은편에 대선주조가 있었고, 지금 금융단지가 있는 인근에 동명목재, 태광산업, 제일제당이 있었다. 호계천변에 삼화고무, 대웅염직이, 당감천변에 동양고무가, 가야천변에 태화고무, 부산방직이 붙어 있었다. 전포천변에 원풍타이어, 대양고무, 조금 떨어진 곳에 신진자동차가 있었고 지금의 부산시민공원 인근 부전천변에 락희화학공업사가 있었다. 한때 대한민국 3대 그룹이라고 불렸던 삼성과 LG, 대우그룹이 모두 여기서 돈을 벌었다.

특히 LG의 모태가 된 락희화학공업사는 1947년 부산에서 창업한 회사다. 락희화학공업사의 창업주인 구인회와 그의 형제들은 서대신동 자택 뒷마당에서 여러 화학물질을 배합하고 끓이면서 제품을 실험했다고 한다. 강동진 교수 작은아버지의 실제 목격담이다. 그렇게 럭키치약이 탄생했고, '동동구리무'라고 불린 우리나라 최초의 화장품이 생겨났다. 또한 락희화학공업사는 동동구리무를 담는 플라스틱 통을 개발하며 한국 최초로 플라스틱 시대를 열었다. 1950년대 말에는 라디오까지 생산할 수 있는 기술력을 가지게 됐다. 초창기에는 부품을 사다가 조립하는 수준이었지만, 그런 토대 위에서 기술 혁신을 추구했을 것이다. 그런 관점에서 보면 서면은 대한민국 전자산업의 발상지라고 해도 과언이 아니다. 상상을 해보자! 30여 개의 굴지의 기업들이 한곳에 모여 있다. 개발과 생산으로 부를 이루고자 했던 기업인들이 모여 여러 가지 일들을 도모했을 것이다. 용광로처럼 부글부글 끓어오르는 열정이 이룩한 성과들. 그것이 오늘날 대한민국의 경쟁력이 된 것은 아닐까?

그렇다면 1940년대부터 1970년대까지 서면이 한국 경제의 중심지가 된 이유는 무엇일까? 강 교수는 물류비용으로 설명했다. 부산항과 가까이 있는 서면은 원료를 수입하기 최적의 장소였다. 신발의 원료인 고무, 설탕의 원료인 사탕수수, 합판 생산의 재료인 원목 등이 모두 부산항을 통해 들어왔다. 그렇게 수입된 원료는 서면의 각 공장에 바로 전달되면서 수송비를 절감해 경쟁력을 가졌다. 생산된 제품은 인근에 있는 부산역, 혹은 부전역에서 바로 서울로 보내거나 배에 실어 수출을 한 것이다. 강동진 교수의 담담하면서도 설득력 있는 목소리에 담긴 이야기들은 놀라웠다. 그동안 알지 못했던 부산의 새로운 면모를 발견할 수 있어 반가웠고, 부산이 대한민국 경제의 중심지였다는 사실에 자부심도 느껴졌다. 하지만 이 호황기는 계속되지 못했다.

서면의 공장 지대가 해체되기 시작한 건 1970년대. 정부가 서면 일대를 상업지역으로 지정하면서 공장들이 사상공단으로 밀려나게 된 것이다. 물류거점인 서면을 벗어나는 것은 수송비의 엄청난 폭증을 예견케 했다. 그리고 사상은 거대 산업지역으로 발전하기에는 지역 규모가 협소했다. 이러한 여건 속에서는 부산을 떠나는 것이 상책일 수밖에 없었다. 대부분의 기업인들이 공장을 팔고 부산을 떠났다. 급기야

1960년대 말 부산의 대표기업이었던 조선방직이 문을 닫으면서 서면의 경제 부흥기는 막을 내렸다. 돌이켜 보면 부산에 있어 실기失期의 정책으로 인한 뼈아픈 순간이었다.

당시는 자동차산업이 발달하며 마이카 시대로 접어들던 시기였다. 도로 확보가 시급했던 부산시는 서면 일대 하천들부전천, 전포천, 호계천, 당감천, 가야천 등을 복개해 도로를 만들었고, 현재 동천이라 부르는 항구 쪽의 짧은 구간만 남겨놓았다. 이후 서면은 사람이 많이 모여들긴 했으나 이전과 같은 생산의 활력을 찾아보기는 어려워지면서 소비 위주의 상업 지역으로 빠르게 바뀌고 말았다. 1995년 부산직할시가 광역시로 개칭되고, 부산시청이 연산동으로 이동하면서 이러한 경향은 더욱 짙어졌다.

서면은 2014년, 다시 한번 변모의 기회를 얻는다. 해방 후 미군이 주둔했고 한국전쟁 후에는 캠프 하야리아로 사용됐던 장소가 부산시민공원으로 새롭게 개장했다. 이때 공원 내에 부전천과 전포천 일부를 복원하여 공원시설로 조성했다. 도로 확보에 희생된 하천 일부가 돌아오면서 시민들은 서면 전역에 촘촘히 흘렀던 하천들의 복원을 논했다. 하천 복원을 통해 서면이 제조업 중심의 공업도시에서 상업도시를 지나 새로운 미래도시로 나아갈 수 있다는 상상을 시작했다.

이제 서면은 제조업이 아닌 금융 기능을 중심으로 재편되고 있다. 문현동에 들어선 국제금융단지를 중심으로 글로벌 허브 금융도시로 도약을 준비하고 있다. 산업은행 본사가 이곳으로 이전한다면, 금융산업의 강력한 동력을 확보할 수 있다. 4차 산업혁명시대에 서면은 금융 중심지로 또 한번 과거의 영광을 되찾을 수 있지 않을까?

영화도시 부산을 위한 제언

올해 29회째를 맞이하는 부산국제영화제 BIFF는 전 세계가 주목하는 영화 축제다. 남포동 극장가에서 시작한 비프는 영화의전당 개관과 더불어 해운대 시대를 열었다. 하지만, 부산 영화산업의 본거지는 구도심 서면과 남포동이다. 서면이 부산 경제를 이끌던 시절, 월급날이 되면 상상할 수 없을 정도의 돈이 지역에 풀렸다고 한다. 경제 전선에서 지친 노동자들이 그날이 되면 한잔 술로 피곤을 달랬고, 서면에서 남포동까지 이어진 극장가에서 휴식과 위안을 찾았다.

1970년대 초반, 부전동과 범일동을 중심으로 극장가가 형성되었다. 지금까지 그 맥이 남아있는 동보극장, 대한극장이 부전동에 있었고, 범내골 교차로 일대에 삼일극장, 삼성극장,

보림극장 등이 있었는데, 이들은 범일동 극장 트리오라 불리며 부산에서 제일 인기 있는 극장 지대를 이루었다. 당시 하춘화 리사이틀 같은 공연이 있는 날이면 극장 일대가 마비될 정도로 인기가 있었다고 한다. 삼성극장이 철거되기 직전인 2009년에 역사의 뒤안길로 사라지는 극장을 안타깝게 생각한 젊은 예술가들이 극장 전시회를 열기도 했다. 이처럼 서면의 극장들은 영화를 보는 공간이었을 뿐만 아니라 시민들의 생활 속 문화장소였던 것이다. 원형을 가진 서면의 마지막 극장은 현재 부산시민공원으로 가는 초입에 있던 태평시네마였다. 이곳마저도 3여 년 전 철거되고 말았다.

남포동은 또 어떤가? 우리나라 최초 극장 '행좌'를 비롯해 소화관, 부민관 등 1960년대까지 20여 개의 극장이 들어차 있었다. 중구 복병산 아래에는 우리나라 최초 영화제작사 '조선키네마주식회사'가 있었다. 1924년 7월에 설립된 우리나라 최초의 영화제작사로, 1층은 영화사로, 2층은 사옥 겸 촬영소로 사용됐다. 돈과 기술은 일본에서 댔지만, 조선의 배우가 출연했다. 우리나라 처음으로 영화 4편이 제작되어 일본으로 수출했다니… 당시로선 정말 대단한 영화제작사였다.

그런 까닭에 우리나라 최초의 국제영화제인 부산국제영화제가 남포동에서 포문을 연 건 당연한 일이었다. 남포동 시대의 초창기 부산국제영화제는 그야말로 시민들의 축제였다. 비프 광장 가운데 차려진 간이 무대에 감독, 배우와의 만남이라도 열리면 새까맣게 몰려든 인파에 길이 막히곤 했다. 그런 장면들은 영화를 향한 부산 시민들의 열정을 보여준 장면들로 필자의 기억에 선명히 남아있다. 지금은 '행좌'도 '조선키네마주식회사'도 터만 남아 있을 뿐, 그 흔적을 찾을 수 없다.

강동진 교수는 부산이 진정한 영화도시로서 자격을 갖추려면, 과거 영광의 장소들을 재조명하는 작업이 선행되어야 한다고 강조했다. 어떤 형태로든 '행좌'와 '조선키네마주식회사'의 모습을 되살려낸다면, 영화도시 부산의 브랜드를 구축하는 데 도움이 될 것이다.

영화는 종합예술이고, 융합산업이다. 수많은 사람이 함께 만들어 이루어내는 과정에서 다양한 경제 효과를 낳는다. 미국 할리우드가 세계적인 영화산업의 메카가 된 것은 모든 영화 관련 산업이 그곳에서 일어나기 때문이다. 감독, 영화배우, 음악 미술 감독, 그 외 스태프들까지 영화산업의 주체들이 거주하면서 비즈니스를 확대한다.

강동진 교수는 명실공히 부산이 영화의 도시로 도약하기 위해 330만 부산 인구 중 10~20만 정도는 영화산업에 종사하면 좋겠다는 바람을 전했다. 영화가 문화인 동시에 산업이 되어야 한다는 뜻이리라. 필자 역시 부산이 가진 영화 관련 잠재력을 최대한 활용해 현실로 구현하기를 간절히 바라게 되었다. 부산시와 업계 관계자들이 좀 더 적극적으로 나서줬으면 좋겠다.

부산 창업기업의 유산과 정신을
기억하는 법

지금까지 부산 창업기업들을 두루 살펴보면서, 면면히 내려오는 기업정신들을 되새겨 봤다. 그렇다면 우리는 이런 창업기업의 유산과 정신을 어떻게 이어가면서 기억할 수 있을까?

강동진 교수는 다양하게, 또 적극적으로 접근해야 한다고 조언했다. 창업기업의 유산과 정신을 물증화하는 방법의 첫번째는 '공간을 기념화하는 것'이다. 문화복합공간으로 각광받는 'F1963'이 대표적인 사례다. '대한민국 공간문화대상'에 선정된 이 건물은 고려제강이 본사 옆 공장을 리모델링해 조성한 공간이다. 오래된 공장의 원형을 보존해 문화공간으로 재생시켰다는 점에서 건축적으로도 주목을 받고 있다.

강 교수는 말했다. 부산 창업기업의 유산과 정신을 보여주는 '창업기업 박물관'을 조성하는 건 어떨까? 지금은 사라진 대우 자동차 역시 부산에서 태동했다. 미군 지프를 재활용해 우리나라 최초 승용차인 '신성호'를 제작한 걸출한 기업이었다. 그때 만들어진 버스, 트럭, 차량들을 박물관에 전시하면 어떨까? 제일제당, 락희화학공업사, 부산방직, 삼화고무 등등 공장 설립을 위한 신청서, 인증서 등을 한곳에 모은다면 미래 세대에게 부산 창업기업의 정신을 잘 전달할 수 있을 것이다.

강동진 교수는 한발 더 나아가 '부산 산업엑스포'를 제안하면서 스크린에 사진 한 장을 띄웠다. 1967년 5월 15일. 제3회 부산산업전람회. 도라지 위스키, 말표 고무신, 크라운 맥주, 럭키 비누 광고가 보이고 동신화학관, 제일제당의 전시관도 있었다. 무려 55년 전에 기업인들이 시민들과 소통하는 장을 펼쳤다. 엑스포는 산업을 축제로 만들고, 또 그것을 계기로 부산의 산업을 확장시키는 선순환의 역할을 할 수 있을 것이다.

부산시는 2019년부터 매년 '부산미래유산'을 선정하고 있다. 미래 세대에 남길 만한 가치가 인정되는 문화유산을 체계적으로 관리, 활용하기 위해서다. 아테네학당이 있는 보수동 책방골목을 비롯해 남선창고, 부전동 공구골목, 동광동 인쇄골목, 장림포구, 자갈치시장, 앞서 언급한 F1963, BIFF 광장도 포함되어 있다. 이 공간들을 기념화하는 사업에 더욱 적극적으로 나서야 하겠다.

부산 창업기업의 유산과 정신을 물증화하는 두 번째 방법은 '문화사업과의 연계'이다. 부산에는 눌원문화재단, 일맥문화재단, 협성문화재단 등 모기업과 연결된 지역에서 문화사업을 하는 재단들이 있다. 이 재단들은 기업정신을 시민들에게 친근하게 전파하는 동시에 기업의 이윤을 사회에 되돌려주는 역할을 한다.

여기서 강동진 교수는 오래전부터의 바람을 밝혔다. '부산 창업기업 트러스터 사업'이다. 지금은 부산에 없지만, 부산과 연결고리를 가진 기업들이 참여해 공공자금을 모아 부산 경제 활성화에 기여하도록 하는 사업이다. 현재 부산의 경제지표는 그야말로 암울하다. 2023년 기준 고용률은 58%로 전국 최하위이고, 전국 100대 기업 안에 드는 부산 기업이 하나도 없다. 정보통신기술, 반도체, 바이오, 친환경 등 고부가가치 창출 기업 또한 현저히 부족하다. '부산 창업기업 트러스터 사업'은 이런 부산의 경제 상황에 마중물이 될 수 있을 것이다.

부산의 안타까운 현실을 탓만 하고 있을 것인가? 현실을 직시하자. 우리가 가진 것들을 활용해 도약할 수 있는 방안을 찾아야 한다. 그렇다면 우리가 가진 것은 무엇인가?

부산은 항구도시이자 국제물류도시다. 대한민국의 종점이자 시작점이다. 유라시아의 시작인 동시에 태평양의 시작이다. 바다와 해양을 기반으로 한 경쟁력 있는 기업들을 육성해야 한다.

또 하나. 정보통신 기술의 발달로 모든 게 연결된 초연결 시대, 탈산업화 트렌드에 맞는 기업들을 지원, 육성해야 한다. 미래 먹거리를 창출한 기업들에게는 아낌없는 지원이 필요하다.

무엇보다 부산이란 지역성을 산업화하는 정책들을 적극적으로 구사해야 한다. 우리에게는 모모스커피, 삼진어묵, 콘텐츠코어, 싸이트플래닝 등 부산에 대한 애정으로 지역다움을 산업으로 승화시키는, 작지만 경쟁력 있는 기업들이 있다. 제2, 제3의 모모스커피가 나올 수 있는 바탕을 마련해야 한다.

위와 같이 열정적으로 강의를 이어가던 강동진 교수는 강의의 마지막을 '차별성은 보편성에서 나온다Differentiation Emerging From Generality'라는 문구로 정리했다. 부산이 갖고 있는 보편적인 것들에서 새로운 가치를 창출할 수 있다는 뜻이다. 부산은 이미 많은 것을 가졌다. 그것을 현실로 구현해 내는 건 우리의 몫이다.

부산시는 2024년을 '글로벌 허브도시 도약'의 원년으로 정했다. 다소 거창해 보이는 구호지만, 강동진 교수의 강연을 통해 실현 가능성을 보았다. 강연 내내 시종일관 집중력을 발휘했던 시민들. 뿌듯한 가슴을 안고 삼삼오오 흩어지는 시민들의 초롱초롱한 눈빛에서 부산의 미래를 보았다. 새로운 관점으로 부산을 바라볼 기회를 얻은 시민들이 각자가 맡은 자리에서 부산 창업정신 DNA를 펼쳐 보일 것을 믿는다.

철학이 있는 도시,
영혼이 있는 기업을 찾아서

한국해양대학교 동아시아학과 김태만 교수

동양의 정신이
기업가의 정신으로

낮에는 괜찮았는데 밤이 되자 점점 더 추워졌다. 잠시 어두워져 가는 하늘을 지켜보며 마음을 가다듬고 강의장에 도착했다. 들어서는 순간 강의에 대한 기대만큼 몸이 조금 따뜻해지는 느낌이 들었다. 부산아테네포럼 시민아카데미 오늘의 강사는 한국해양대학교 동아시아학과 김태만 교수다. 한국해양대학교에서 오랫동안 강의를 하고 책도 여러 권 집필했기에 오늘은 어떤 모습으로 강의를 진행할지 궁금했다.

김태만 교수는, 여러 가지 정치·경제적인 문제로 최근에는 중국과의 사이가 멀어졌지만, 중국과 우리나라의 국교가 수립되기 전부터 중국을 공부해 왔고, 수교가 되자마자 중국으로 건너가 한국인 최초로 북경대학에서 박사학위를 받아 흔히 '중국통'이라고 말할 수 있는 분이다. 그리고 『철학이 있는 도시, 영혼이 있는 기업』호밀밭, 2016이라는 책을 낸 이력도 있어 어떤 이야기로 좌중을 휘어잡을지 기대가 됐다.

사회자의 강사 소개가 끝나자 강의가 시작됐다. 먼저 이 강의가 출발한 지점, 그리고 강의에 대한 설명이 있었다.

"이 주제와 관련해서 지난봄에 '기업'과 '기업가 정신', 그리고 '기업가와 시민들이 어떻게 만날 것인가?' 하는 문제의식을 가지고 이야기를 나눈 적이 있습니다. 우리나라 기업은 왜 성장과 이익 이런 것에만 매몰돼 있을까? 기업의 가치라는 것을 발현하고 그것을 위해서 사회 헌신이나 공헌을 하는 그런 기업이 왜 없을까? 그런 문제의식으로 적합한 기업들을 한번 찾아봤습니다."

지역에 기반을 둔 기업을 대상으로 이윤 창출보다 다른 사회적 가치를 통해 삶의 질을 북돋우기 위해 노력하는 기업은 생각보다 많지 않았다고 했다. 그나마 편집의도에 맞는 기업을 찾다 보니 여덟 개가 남았고, 이들 기업을 선정해 소개하게 됐다. 그리고, 그것이 계기가 되어 오늘의 강의까지 나서게 되었다는 것이었다.

본격적인 강의에 앞서 '우리를 슬프게 하는 것들'이란 소제목으로 이야기가 이어졌다.

우리를
슬프게 하는 것들

"우리를 슬프게 하는 것들이 굉장히 많습니다. 특히 최근 들어서는 더 많아지고 있는 것 같은데요. 예를 든다면 세계에서 가장 높은 자살률입니다."

우리나라의 현실이다. 세계에서 가장 높은 자살률, 그리고 청년실업률, 2000년대 초반보다 나아지기는 했지만 실제로는 정규직이 아닌 임시직이 많이 취업했기 때문에 그렇게 보일 뿐, 주변을 둘러보면 크게 나아진 것이 없다는 것을 알 수 있다. 사회의 양극화 문제도 빼놓을 수 없었다. 균형이나 가치 판단은 편향될 수밖에 없다. 조금 지난 이야기지만 세월호 이야기라든지, 땅콩 회항이라든지, 세 모녀의 자살 이야기라든지 여러 슬픈 사건들이 비일비재하다는 것. 그래서 우리는 대화나 타협보다는 끊임없이 투쟁하며 살아가고 있는지 지금 우리나라에는 여러 갈등이 넘쳐나고 있다. 소위 이념 갈등, 지역 갈등, 세대 갈등, 빈부 갈등, 남녀 갈등, 종교 갈등 등 수많은 갈등 속에서 스스로를 피곤하게 만들며 지쳐가고 있다. 이러한 우리나라의 갈등은 도표상으로 봐도 멕시코, 이스라엘 다음으로 심하다. 시내에 빌딩을 소유하고 있어 가만히 있어도 임대 수입으로 큰돈을 버는 사람들이 있다. 이런 사람은 노동할 이유가 없다. 가만히 있어도 수입이 생기는데 구태여 일을 할 필요가 있을 리 만무하다. 하지만 잠자는 시간까지 쪼개면서 일해도 삶이 전혀 나아지지 않는 사람도 있다. 그래서 조물주 위에 건물주가 있다는 말이 유행하기도 했다. 젊은 세대들은 3포, 5포를 넘어 N포라고 하며 꿈과 희망을 지우며 살아가고 있다. N포 세대, 젊은 세대의 정체성을 드러내는 단어이다. 연애도 포기하고 결혼도 포기하고 출산도 포기하며 여러 가지 다양한 권리를 포기해야 하는 상황이 된 것이다.

우리나라에서 발생하는 갈등을 비용으로 환산하면 연간 80조 원에서 250조 원에 해당한다고 한다. 이것은 우리나라 1년 예산의 3분의 1에 해당하는 액수다. 현재 우리나라 대학이 전면 무상교육을 한다고 하더라도 1조 4천억 원이면 되

고, 3세에서 6세까지의 영유아 보조금은 10조 원이면 된다고
하니 우리 사회의 갈등을 줄인다면 대학 무상교육과 영유아
보조금이 해결되고도 남는다. 그만큼 우리 사회의 갈등은 극
심하다.

지난 몇 년 동안 코로나 사태가 있었다. 스스로 원하지 않
은 감금 상태로 인해 외로움이 커지고 그로 인해 연대나 공

동체에 대한 그리움 같은 것을 느낀 사람들이 많다. 코로나로 인해 바뀐 소비 트렌드가 홈코노미, 온라인 쇼핑, 건강에 대한 관심과 윤리적 소비 등으로 이어지며 다양한 변화가 나타났다. 그러면서 가치소비와 환경에 대한 관심이 늘어나고 건강한 소비문화를 위한 움직임도 생겨났다.

이런 지역 갈등과 이념 갈등, 빈부 갈등이 필터 없이 어린 세대로 그대로 답습되고 있다. 자, 그러면 우리는 어디로 가야 할 것인가?

이인위본以人爲本의
'격格'을 찾아서

"최근 코로나가 부정적인 결과만 남긴 게 아니라 인간에 대한 그리고 지구 사회에 대한 많은 긍정적인 성찰도 남겼는데, 그중에 가장 큰 것이 '사람이라는 존재에 대한 인식'입니다. 사람이 근본根本이라는 이런 생각으로 '격'에 대한 고민을 하게 됐다는 거죠."

'격'이란 무엇일까 궁금했다. '격'이란 한자가 들어간 단어들, 즉 품격, 인격, 성격, 합격 등등의 말들이 떠올랐다.

중국 문화의 대가답게 김태만 교수는 맹자의 이야기로 좌중을 이끌어갔다. 맹자의 4단端. 여기서 단은 '실마리'라는 뜻이라고 한다.

"맹자는 이런 이야기를 했습니다. 인간에게는 네 가지의 단이 있는데, 여기서 단은 실마리 또는 끝을 의미하는 한자입니다. 끝은 새로운 시작의 실마리죠. 끝하고 시작은 같이 있는 겁니다."

첫 번째가 측은지심惻隱之心이다. 측은지심은 연민을 느낀다는 것이다. 이것은 인仁 즉, 사랑이다. 수오지심羞惡之心은 잘못에 대해서 성찰하는 것이다. 부끄러움을 아는 것이 바로 의義의 시작이다. 사양지심辭讓之心은 내 것과 네 것 없이 양보한다는 것이다. 예禮의 시작이다. 시비지심是非之心은 옳고 그름을 판단하는 것이다. 이것이 지智의 시작이다. 그래서 맹자는 사단을 가져야 한다고 했고, 만약 이 사단이 없다면 인간이 아니라고 했다.

다음으로는 10여 년 전 중국에서 출간된 『유상儒商』(機械工業出版社, 2006)이란 책을 통해 중국 상인의 격을 알려주었다. 매우 재미있는 책이라고 하니 바로 읽고 싶은 마음이 들었다.

유상은 덕행과 문화적 소양을 지닌 비지니스맨이다. 당연히 재부財富를 가진 엘리트 상인이고, 덕을 베풀 줄 알아야 하고, 문화적 소양이 충분한 사람이다. 또한 사회 발전을 위한 숭고한 사명감을 가지고 있어서 소위 "수신제가치국평천하修身齊家治國平天下"의 도리를 실천하려 하고, 세상을 구하고 백성을 평화롭게 만든다는 구세제민救世濟民과 우환憂患 의식을 가지고 있다는 것이다. 전통적으로 도주陶朱나, 자공子貢, 백규白圭와 같은 사람이 유상의 기원이 될 수 있는데 특히 자공과 같은 사람이 있었기에 때문에 공자孔子가 학문에 전념할 수 있는 환경이 만들어질 수 있었다고 주장한다. 그만큼 중국 문화가 성장하는 데 유상의 영향력이 지대했다는 뜻일 거다.

현대의 대표적인 유상으로 소일부邵逸夫와 곽영동霍英东 같은 인물을 들 수 있다. 소일부는 중국 전역에 3만 개의 도서관과 박물관을 지어주었다고 한다. 이런 점들이 세계 3대 상인으로 아라비아 상인, 유대 상인, 중국 상인을 꼽는 이유일 것이다. 중국 유상이 한 일을 들으니 우리나라 기업들이 사회에 끼친 영향도 크긴 하지만 그들에 비하면 새 발의 피일 수도 있겠다는 생각이 들었다.

우리나라 전통 유가의식에는 사농공상士農工商이라고 해서 상업에 대한 경시의식이 깔려있다. 우리나라 경제가 활성화되지 못한 이유를 유교 문화 탓이라고도 하는데, 유상의 전통에 비추어 보면 상업을 천시하는 개념은 찾아볼 수 없었다. 그래서 우리는 우리 전통 속에 있는 유교 문화의 잘못된 사농공상 의식, 그러니까 비즈니스를 천하게 여기는 의식에 대한 성찰이 필요한 단계가 아닐까 여겨진다.

기업가의 덕목

"오늘 강의를 위해 백산 안희제 선생의 생가에 다녀왔습니다."

얼마 전 통영에 갔다 오는 길에 백산 안희제 선생의 생가에 다녀온 적이 있는데 마침 강의 중에 안희제 생가 이야기가 나와서 흥미가 더했다.

의령에 가면 '솥바위 전설'이 있는데 근동 20리 안에 부자가 날 것이라는 전설이다. 우연인지 필연인지 삼성 이병철 회장의 생가와 LG 구인회 회장의 생가, 그리고 효성 조홍제 회장의 생가가 그 근동 20리 안에 위치하고 있다. 그러면서 강의는 자연스럽게 우리나라의 100년 기업에 대한 이야기로 넘어갔다.

기업가의 덕목을 이야기하기 전에 세계에서 100년 이상 된 기업들은 몇 개나 될까? 일본이 3만 3천 개로 제일 많고, 미국도 1만 3천 개 이상은 된다. 그다음이 독일인데, 우리나라는 100년 된 기업이 10개밖에 되지 않는다. 두산1896년, 신한은행옛 한성은행·1897년, 동화약품1897년, 우리은행옛 상업은행·1899년, 몽고식품1905년, 광장1911년, 보진재1912년, 성창기업1916년, KT모터스1917년, 경방1919년 등 기업이 100년의 역사를 이어오고 있다. 이 가운데 부산에 있는 곳은 안타깝게도 성창기업 하나밖에 없다. 일본의 경우는 200년 이상 된 기업도 있는 마당에 우리나라의 현실은 너무도 열악한 것이 사실이다.

생각했던 것보다 100년 기업의 수가 적다는 사실에 아쉬워하던 중 잠깐 언급했던 공자와 자공의 일화를 통해 정치가 무엇인지 다시 한번 되짚어 봤다.

"자공子貢이 공자에게 물었습니다. '정치란 무엇입니까?' '식량을 풍족히 하고, 군대를 충실히 갖추며, 백성의 믿음을 얻는 것이다.' '만약 이 세 가지 중에서 무엇인가를 버려야 한다면 무엇을 먼저 버려야 합니까?' '군대를 버려야 한다.' '부득이하게 남은 두 가지 중에서 다시 하나를 버려야 한다면 무엇을 버려야 합니까?' '식량을 버려야 한다. 예로부터 사람에게는 모두 죽음이 있어 왔다. 그러나 백성이 믿지 않으면 정치는 제대로 설 수가 없다.'"

결론적으로 공자는 정치에 있어서 백성의 신뢰가 가장 중요하다고 했다. 그 지점이 바로 인仁이다. 인이라는 것은 사랑이다. 사물이나 동물에 앞서 사람에 대한 사랑이 있어야지 그게 참된 사람이라고 한다. 가장 중요한 것은 바로 '사람'이라는 얘기다. 중용中庸에서는 '인자인야仁者人也'라고 해서 사물이나 사람을 아끼고 사랑하는 사람이야말로 참 사람이라고 했다. 논어論語의 안연顔淵 편에 있는 '군군신신부부자자君君臣臣父父子子'라는 구절 소개도 있었다.

김태만 교수는 이 단어의 뜻을 청중에 질문했다. 여러 곳에서 바로 대답이 들려왔다. "군주가 군주답고 신하가 신하답고 아버지는 아버지답고 자식은 자식다워야 한다." 이 청중들의 대답은 일반적인 대답이었지만 김태만 교수는 조금

다르게 해석했다.

"'군주가 군주다울 때 신하가 신하다울 수 있는 것이고, 아
비가 아비다울 때 자식이 자식다울 수가 있다'라는 겁니다.
다시 말하면 뭡니까? 군주가 자신의 역할을 못할 때 신하가
신하 노릇을 할 수가 없다는 겁니다."

그러면서 당 태종太宗의 왕도王道와 패도覇道로 이야기가 넘
어갔다. 군주가 국가를 근간으로 하고 국가는 백성을 기본으
로 한다. 백성을 핍박해 군주를 받들게 하고 그들의 살을 발
라 자신의 배를 채우면 배는 부르겠지만 백성은 죽어가고,
군주는 부자가 되지만 나라는 망하고 만다. 이러한 정신은
상도商道와 패도도 마찬가지다. 기업주는 기업을 근간으로 하
고, 기업은 직원을 기본으로 하기 때문에 직원을 핍박해 기
업주를 받들게 하고 그들의 살을 발라 자신의 배를 채우면
배는 부르겠지만 몸은 죽어지고, 기업주는 부자가 되지만 기
업은 망하고 만다고 한다.

백성들이 신뢰하지 않으면 국가가 바로 설 수 없듯이 기
업도 마찬가지다. 그래서 조화로운 군신이라는 것은 '군군신
신부부자자'의 군신 관계에서 보듯, 아첨하는 신하나 간부들
무리를 다 제거해야 한다고 했다. 천하는 한 사람의 것이 아

니라 만인의 천하이기 때문이다. 기업은 소유주 한 사람의 것이 아니라 만인, 그러니까 소비자 모두의 것이기 때문에 그렇다는 것이었다.

여기서 모든 지도자의 자세와 위에서 언급했던 '격'이라는 것을 다시 확인할 수 있었다. 요즘의 정치 현실과 비교해서도 타당한 이야기인 듯싶다. 서로간의 신뢰가 없어진 정치가 무관심과 혐오로 진행되고 있다는 점을 살핀다면 공자의 말을 정치인들이 다시금 새겨볼 만한 것이라 여겨진다.

"유교 자본주의의 뿌리는 '의식족이지예절衣食足而知禮節'이라는 데서부터 시작한다고 했습니다. 즉, 풍요 속에서 나옵니다. 가난한 사람이나 불행한 사람이 많으면 사회는 무너질 수밖에 없습니다. 그래서 의식이 풍족해야지 예절을 안다고 했는데, 이것이 곧 '창고실즉지예절倉廩實則知禮節이요, 의식족즉지영욕衣食足則知榮辱'이라는 말씀입니다. 창고에 곡식이 가득 차면 예절을 알고, 의식衣食이 충족되면 무엇이 영광이고 무엇이 치욕인지 알 수 있습니다. 백성은 곧 입고 먹는 것이 넉넉해야 예의나 체면을 차리고, 법 따위를 따를 수 있습니다. 그래서 인간은 근본 욕망인 '안전'에 대한, 평화에 대한, 그리고 배고픔으로부터의 해방 등이 충족되었을 때 궁극적 행복을 느낍니다. 나라면 나라, 조직이면 조직, 기업이면 기업이 바로 설 수 있다는 이야기를 하는 겁니다."

법가法家의 법치는 백성을 부유하게 하고 바른길로 인도하는 것이고, 국가적 도덕의 근본은 예의염치이다. 염치가 없으면 나라가 망한다. 즉, 법이 분명해야 한다. 이것이 공정사회다. 유가 전통 사상을 기업의 생존 발전 이념에 용해하고 그다음에 인의仁義 사상으로 구축된 기업 환경과 광범한 인적 네트워크를 구축한다. 거기에 정성을 다하는 성신誠信과 신뢰가 더해져야 생존 발전의 근거를 마련할 수 있다는 인식을 기업이 공유해야 한다. 그리고 어질고 현명한 용인用人을 기업 경영의 원칙으로 삼는 것. 이런 것들이 바로 기업이라면 마땅히 지녀야 할 유상풍도儒商風度라는 것이다.

한국의
노블레스 오블리주

우리는 인간의 '격', 민주적 소통, 그리고 일등에게만 박수 치는 게 아니라 꼴찌와 함께 갈 수 있는 덕을 갖추어야 한다. 공동체 의식, 수평적 토론 문화가 소위 제대로 된 기업을 만드는 기업가 정신의 요체가 된다. 그러면 한국에는 우리가 본받을 만한 이런 기업가 정신이 없을까? 과연 한국에서 노블레스 오블리주를 실천한 사람은 누가 있을까?

김태만 교수는 유한양행의 유일한 박사와 백산상회를 만든 안희제 선생을 진정한 한국의 노블레스 오블리주를 실천한 사람의 대표적 사례로 들었다. 거대 자산가, 거대 기업, 거대 재벌에 대한 비판 없이 그들의 자본에만 매몰될 것이 아니라, 안희제 선생처럼 자신의 안위보다는 국가를 위해 희생하신 분들의 철학과 영혼, 이런 것에 대해 생각해 볼 필요가 있다고 강조했다.

그런 기업가 정신을 실천한 가문으로 경주 최씨가 있다. 경주 최씨의 가문에는 육훈六訓이라고 해서 소위 집을 다스리는 6개의 교훈이 유명하다. 첫째, 과거를 보되 진사 이상 벼슬을 하지 마라. 너무 높아지면 배가 앞으로 나온다. 둘째, 1년에 일만 섬 이상의 재산은 모으지 마라. 너무 많으면 썩고, 썩으면 냄새가 날 수밖에 없다. 셋째, 흉년에는 남의 논을 절대 사지 마라. 남의 고통이나 남의 아픔이 내 행복이라고 생각하는 사람이 많은데 이것은 절제와 도덕적 양심에 대한 배반이다. 넷째, 집에 온 손님은 융숭하게 대접해라. 다섯째, 사방 백 리 안에 굶어 죽는 사람이 없도록 하라. 여섯째, 가문에 시집온 며느리들은 3년 동안 무명옷을 입게 하라. 무명옷 입고 겸손부터 배우라는 것이다. 이 여섯 가지가 최씨 문중의 교훈이다.

부산의 기업가 정신을 시대에 맞게 살리려면, 위와 같은 전통을 어떻게 혁신하느냐, 그리고 가치 창조와 사회 공헌을 어떻게 하느냐가 관건이다. 그다음은 국제화인데 지역 밀착형으로 진행해야 한다. 우리가 살고 있는 부산은 해양 수도니까 해양과 관련된 여러 산업을 기업의 방향에 참고해볼 만하다. 그다음에 창조적인 지속 가능성이 있는 기업들에 대해서도 한번 생각해 봐야 한다. 도시의 건강성은 무엇보다 생산과 소비의 건강성에서 기인하는 것이고, 양질의 기업이 자리 잡고 성장할 때 청년들도 도시에 몰려들어서 활력과 에너지를 발생시킬 수가 있다. 건강한 일자리가 고갈된 도시에는 건강한 도시 문화가 존재할 수 없다. 지속 가능한 성장을 담보하는 철학이 있는 도시에 영혼이 있는 기업이 필요한 이유이다. 정신적 빈곤, 철학의 부재는 필연적으로 도시가 물질에만 매몰되기 때문에 나타난다.

그래서 현대의 기업 경영에 인문 정신의 회복이 절실하다. 인문 정신의 회복 후, 물질만능을 추구하는 개발주의나 성장주의에서 벗어나는 시대정신의 대전환이 필요한 시점이다. 성장이라는 속도에 매몰되지 말고 가치에 대해서 좀 더 천착해야 한다. 우리의 가치 판단 기준이 성장이 아니라 성숙으로 바뀌어야 한다. 국가나 정부 주도의 개발 독재를 벗어나 창조적이고 자유로운 발전으로 전환해야 한다. 가격이 아니라 가치 추구로 나아가야 한다. 그것이 갈등 사회에서 행복 사회로 가는 길이라고 강조했다. "7년 전 출판했던 『철학이 있는 도시, 영혼이 있는 기업』이라는 책을 저술해야겠다고 생각한 문제의식의 출발점이 여기에 있습니다. 장사꾼이 아니라 진정한 기업인이 되었으면 하는 바람이 담겨 있는 책입니다."

김태만 교수의 주장은 단지 기업가 정신에 그치지 않고, 우리가 현실을 살아가는 데 정신적 좌표로 삼을 만한 이야기들을 전해주었다.

100년의 기업,
정신으로 살아남는다

중국 고전이 한물간 지혜라 생각했었는데 새로운 사실을 많이 배웠다. 오늘은 경영이나 기업가 정신뿐만 아니라 사회에 대한 전반적인 지혜에 대해 다시 환기해 주는 시간이 아니었나 싶다. "군주가 군주다워야 신하가 신하다울 수 있고, 아버지가 아버지다워야 자식이 자식다울 수 있다"라는 말이 가장 기억에 남는 말이다.

강의를 마친 뒤 이런 질문이 나왔다.

"우리나라의 100년 기업이 일본에 비하면 매우 적더라고
요. 일본에 오래된 기업이 많은 이유는, 가업을 넘겨줄 때 꼭
자식이 아니라도 직원 중에서 일을 잘하고 능력 있는 사람이
있으면 그 사람에게 기업을 물려주는 문화가 있기 때문 아닐
까요. 그러면 오늘 말씀하신 유상의 재발견과 기업가의 덕목
을 통해 기업가에게 어떤 것들이 필요한지 고견을 부탁드립
니다."

김태만 교수는 이렇게 대답했다.

"말씀처럼 장자長子 상속에 대한 강박관념이 일본은 훨씬
적었고, 그래서 직원 중에서도 자기 장남보다 훨씬 능력이
있고 뛰어난 사람에게 사장 자리를 물려줬습니다. 그러면서
사장 자리는 주더라도 가게의 간판은 지속되는 거죠. 그런데
우리는 장자 상속을 해야 자기 재산이 유지 존속된다는 생각
때문에 좀처럼 그렇게 하지 못했던 것이 아닐까요? 그렇게
해서 100년 기업이 될 수가 없었죠. 장남 존중, 장자 승계 등
의 의식들도 깨질 필요가 있습니다. 그래서 전문 경영인한테
기업을 맡기라는 이야기를 하는 게 아닌가 모르겠습니다."

또 다른 이는 기업을 경영하는 사람이나 정치를 하는 사

람이 들어야 할 강의라고 하며, 일반 시민의 입장에서 기업가는 아니지만 바꿀 수 있는 부분들이 무엇이 있을까 조언을 구하기도 했다.

"기업인들은 기업인들이고 우리는 아까 소비자라고 했잖아요. 만약에 기업이 생산하는 제품에 문제가 있다고 할 때 소비자는 소비자 의식, 소비자 권리를 최대한 주장할 필요가 있죠. 그래서 기업에 주주로 참여하는 소비자들이 기업이 잘못 가고 있을 때 문제 제기를 한다거나 혹은 불매운동을 함으로써 기업에 대해 끊임없이 참여하고 간섭하는 것. 이게 소비자 권리를 지켜내는 방식 중 하나가 될 수 있지 않을까 생각합니다."

아테네 학당, 이 강의는 열린 공간이라는 의미를 갖는다. 고대 그리스의 지식인들이 모여 많은 지식을 논의한 것처럼, 이런 문화가 더 많아지길 바라는 마음이 간절했다. 강의에 함께한 많은 사람들이 바로 그 주역이 아닐까 여겨진다.

푸드테크 명인들의 장인정신과
부산 외식산업의 미래

부산로컬푸드랩 박상현 이사장

음식산업, 알고 보면
스케일이 엄청나요

'푸드테크 명인들의 장인정신'을 주제로 강의를 앞두고, 박상현 작가가 부산의 음식에 대해 어떻게 설명할지 내심 기대했다.

기대가 너무 크면 실망도 클 수 있지만, K-푸드가 어떻게 '기업가 정신'이라는 주제와 만날 수 있을지 우선 궁금했고, 또 음식이 내가 사는 도시 부산의 미래와 어떻게 연결될 수 있을지 호기심이 일었다. 음식을 새로운 관점으로 바라보고

기업가 정신과 연결해 어떤 비전을 제시해줄 수 있다는 점만으로도 이미 흥분됐다.

강연장인 보수동 아네테학당 4층에 들어서니, 많은 사람들이 북적이고 있었다. 박상현 작가는 방송에도 자주 나와 음식에 대해 전문적인 이야기나 인문학적인 지식을 전해주는 유명한 맛칼럼니스트이다. 그래서인지 보자마자 마치 연예인을 마주한 듯 친근한 느낌이 들었다.

그는 8년째 부산푸드필름페스타 프로그래머로 활동을 했고, 일본 음식에 대해 연구한 저서 『일본의 맛, 규슈를 먹다』를 펴낸 바 있다. 그는 이렇듯 단순한 음식칼럼니스트라기보다 연구자나 기획자 등 다양한 영역에서 활동해 온 음식 관련 전문가이다.

강의가 시작되자, 음식에 관한 두 가지 관점으로부터 이야기가 진행되었다. 하나는 '산업과 기술'의 관점에서 부산 음식의 발전 가능성을 생각해 보는 것이었고, 또 다른 하나는 '문화와 역사'의 관점에서 부산 음식의 과거와 미래를 성찰해 보는 것이었다. 이렇게 시작부터 산업과 문화라는 두 가지 관점에서 폭넓게 강의를 시작하는 것은 음식과 관련해 다양한 활동을 해온 박상현 작가만의 독특한 강의 방식이었다.

"우리나라 외식·식품산업 등 푸드 비즈니스 규모가 한 440조 원쯤 됩니다." 그는 우선 경제적 관점에서 시작하며 음식이 얼마나 큰 자본을 생성하는 중요한 산업인지 강조하고 싶은 것 같았다. 그렇기에 부산의 외식업계가 얼마나 무섭게 성장하고 있는지, '앙팡테리블'무서운 아이'라는 의미의 프랑스어, 뛰어난 신예를 비유하는 말로 쓰임' 같은 존재란 말로 그 발전적 상황을 우리에게 자세히 들려주겠다고 했다. 그는 먼저 이러한 외식업계의 변화가 우리가 맞이해야 할 새로운 '미식의 시대'와 관련이 있다는 것을 강조했다.

그는 현재가 아닌 미래에 진정한 미식의 시대가 도래할 것이라 했는데, K-컬처에 이어 K-푸드가 이미 주목받고 있는 지금의 현실에서 지금이 아니라 미래를 미식의 시대로 보고 준비해야 한다는 말이 처음에는 잘 이해되지 않았다. 하지만 우리가 음식을 즐겨온 역사를 '악식의 시대', '폭식의 시대', '미식의 시대'로 나누어 프레젠테이션 영상을 펼치는 순간, 강의 시작 전에 제공해 준 따뜻한 원두커피 한 잔을 즐길 여유도 없이 그의 강의에 빨려 들어갔다.

가자,
구르메(미식) 시대로!

'구르메'라는 단어는 '미식가'를 뜻하는 'gourmet'를 일본식으로 발음한 것이다. 일본의 만화나 영화에서 자주 쓰이는 단어다. 그만큼 일본은 '미식'을 강조해 왔고 100년이 넘는 가게들이 장인정신으로 지속되기도 하는 나라인 만큼, 많은 사람들이 일본을 관광할 때 훌륭한 음식을 기대하기도 한다.

박상현 작가는 이러한 일본을 미식의 나라로 인정하면서, 우리나라는 아직 '폭식의 시대'에서 벗어나지 못했다고 말한다. "우리나라는 악식의 시대를 벗어난 지가 40년 조금 넘었습니다. 1980년대 이전까지는 절대 빈곤의 상황에 놓여있었던 게 대한민국이었습니다." 이 시기는 우리가 마음 놓고 음식을 먹을 수 없었기에 식량과 경제가 국가에 의해 통제당할 수밖에 없었다. 그래서 이 시기를 '악식의 시대'로 규정한다. 이후 경제성장과 더불어 식품 산업도 비대해지면서 우리는 다양한 음식을 접하게 되었다. 하지만 그런데도 여전히 우리는 맛있고 좋은 음식보다는 그냥 싸고 양 많은 음식으로 한 끼 때우는 데 익숙하고 뷔페와 같은 식당을 선호하는 경향이 없지 않다. 이른바 '폭식의 시대'로 비만과 당뇨로 고생하는 사람들이 늘어나고 있다.

박상현 작가는 단호하게 말했다. "여러분이 먹는 것을 스스로 결정할 것 같죠? 천만의 말씀입니다. 이 시대에는 여러분이 먹는 것을 산업과 자본이 결정합니다." 이는 우리가 실제로 어떤 음식을 고르는가에 관한 단순한 선택의 문제를 말하는 게 아니다. 우리가 음식과 관련한 '경제'의 문제에 관여할 수 없음을 알려주는 더 큰 스케일의 지적이다. 앞서 말했듯이 악식의 시대에는 국가에 의해 경제가 통제되었지만 폭식의 시대에도 여전히 우리가 알 만한 거대 기업들을 통해 음식을 만들어 제공받는 방식에서 크게 벗어날 수 없기 때문이다.

이제 경제 발전이 이뤄지고 삶의 여유가 생기면서, 좀 더 오래 살고 건강하게 살기 위해서는 먹는 걸 바꿔야 한다는 자각이 생겼다. 내가 먹는 것들이 어디에서 생산되고, 어떻게 식탁까지 오르는지 궁금증을 갖게 된다. 이때부터 비로소 음식의 선택권이 개인에게 돌아오는 것이다. 작가는 이것을 '미식의 시대'의 시작점으로 본다.

우리나라가 아직 폭식의 시대이긴 하지만, 미식을 즐기는 사람들도 점점 많아지는 추세다. 앞으로 다가올 미식의 시대, 우리 부산의 음식산업은 어떻게 변화해야 할까?

작가는 서두에서 말했던 음식과 관련된 우리나라 자본의 크기를 다시 한번 강조했다. "식품과 외식산업의 규모를 합

치면 약 400조 원에서 440조 정도 됩니다. 영상 콘텐츠 시장 규모가 27조 원쯤 됩니다. 여러분 한번 생각해 보십시오. 이 시장에 얼마나 많은 사람이 있습니까? 영화 평론가, 방송 평론가부터 시작해 방송 제작자, 프로듀서까지 엄청나게 많은 사람들이 방송을 위해 일하는데, (음식산업은 이러한 영상 콘텐츠 시장이랑) 규모가 다릅니다." 그는 음식산업이 부산에서도 얼마나 중요한지 알아야 한다고 했다. 그러면서 많은 사람이 창업하고 싶어 하는 사업 중 하나인 '외식업'을 중심으로 일본과 한국의 현황을 계속해서 이야기해 나갔다.

일본 외식업의
역사와 전통 엿보기

일본은 온천과 미식으로 유명한 나라다. 이는 전 세계적 지표로 봐도 금방 알 수 있는데, 작가의 말로는 전 세계에 있는 노포 중 100년 이상 되는 가게의 80%가 일본에 존재한다고 한다. 그 가게를 숫자로 따지면 3만 5천 개 정도라니, 그야말로 수많은 노포들이 곳곳에 즐비해 있는 것이다.

일본의 노포 중 그 장인정신이 돋보이는 곳으로는 야마나시현의 케이운칸慶雲館, 705년 창업, 교토 혼케오와리야本家尾張屋, 1465년 창업, 사가현 요요카쿠洋々閣, 1893년 창업, 사가현 카와시마두부점川島豆腐店, 에도시대1789~1801 등이 있다.

케이운칸은 우리나라로 치면 통일신라 때 문을 열었다. 이곳의 조리장쯤 되면 밑의 요리사들이 거의 범접할 수 없는 신을 대하듯 행동할 수밖에 없다고 한다. 요리 솜씨부터 대단한 데다가 1,300년 동안 료칸을 운영하면서 쌓인 예술품과 그릇이 넘쳐난다고 하니, 마치 이곳에서 지내는 것은 박물관에서 숙박과 요리를 즐기는 기분이 아닐까라는 상상을 하게 되기도 했다.

두 번째로, 혼케오와리야의 경우 소바, 즉 메밀국수 전문점인데, 우리나라의 조선 세조 때 시작되었다고 볼 수 있다. 아직도 예스러운 분위기를 유지하지만 완전히 전통성을 지키기보다 지금 시대에 맞게 모던한 스타일로 음식을 차려낸다. 하지만 다채로운 고명을 얹어 먹도록 하는 이 집만의 멋은 그대로 지키고 있다고 한다.

세 번째로 요요카쿠는 케이운칸에 비하면 역사적으로 120년 정도밖에 되지 않아 앞선 가게들보다 가치가 없을 것 같지만 그렇지 않다. 이 료칸은 국가의 시책이 변해서 숙박업을 하려면 건물을 현대식으로 수리할 필요가 있는데도, 벌금을 내가면서 아직도 난방을 석유난로로 해결하는 등 옛날 양식을 그대로 유지한다. 여러모로 옛날식이기에 불편한 점이 많은 데도 그것 자체가 역사를 들여다보는 체험이기에, 모든 손님들이 거리낌 없이 비싼 돈을 주고 그 불편함까지 소비한다는 것이다.

마지막으로 요요카쿠가 있는 사가현의 명물에는 료칸 외에도 도자기와 두부가 있는데, 조선인 도공 13대 후손인 나가자토 타카시 선생과 자녀들이 국보급 가치가 있는 예술품들을 만들어내는 곳으로도 유명하다. 이곳에서는 숙박보다 그릇을 사 가는 데 훨씬 더 큰돈을 쓸 수밖에 없다고 했다. 또, 요요카쿠에서 대접하는 두부 요리는 이곳의 명물이다. 카와시마 두부점은 특색 있는 소쿠리 두부를 개발해서 료칸에 제공하고 있는데, 일반 두부의 제조 방식과 달리 소쿠리에 얹어 중력에 의해서 물을 빼는 방식으로 두부를 만든다. 소박하게 소쿠리로 두부를 만든다고 생각하면 이 두부집의 규모가 작을 것이라 오해할 수도 있겠다. 하지만 와인을 좋아하는 가게 주인이 큰 와인 창고와 콩 창고를 같이 만들고 와인을 블렌딩 하듯이 콩으로 두부를 만들어낸다. 이렇게 장인정신에 창의성까지 결부된 두부 맛이 앞으로도 이 가게를 계속해서 빛나게 할 것이다.

외식업의 본질은
'음식'이 아니라 '판타지'다

지금까지 일본 외식업의 역사를 통해 '장인정신'의 중요성을 말했지만, 이러한 역사적 성찰에서 이야기를 끝낸다면 당장 사업을 시작한다고 할 때 곤혹스러울 수도 있다. 음식과 관련된 사업은 어떻게 준비하고 그 험난한 전선에 뛰어들어야 할지 감을 잡을 수 없는 것이다. 작가는 그런 점에서 일본 외식업의 역사를 살피면서 노포를 오래된 가게들로 넘쳐나는 공간으로만 생각해서는 안 된다고 말한다.

"구마모토현에 가셔서 미나미아소군의 '소바가도'를 달리면, 고색창연한 소바 집메밀 국숫집들이 그냥 늘어서 있습니다. 이게 사실 만들어진 전통입니다." 오래된 폐가나 전통가옥을 해체한 재료들로 다시 만들어 전통적으로 보이도록 한 집들로 이뤄진 것이 소바가도의 국숫집들이라는 것이다. 작가는 웃으면서 강연에 참여한 시민들에게 질문을 던졌다. "이러한 만들어진 전통, 다른 곳의 집을 해체해서 다시 만든 가게에 대해 누가 문제를 삼을까요?"

이렇게 자신만만한 모습으로 작가가 질문을 던진 까닭은 그것에 대해 아무도 문제 삼지 않음을 강조하고 싶었기 때문이었다. "사람들이 100년 된 고택에서 메밀국수를 먹으려고 막 몰려들기 시작합니다. 이 집이 6개월 전에 재건축된 것에는 아무도 관심이 없는 거죠." 그는 이어 말한다. "지금 대한민국에서는 아무리 유명한 음식이라도 연구만 하면 누구나 거의 다 복원할 수 있습니다. 유명한 음식은 더 이상 중요하지 않습니다. 우리가 판매해야 할 것은 '판타지'입니다."

강력한 메시지였다. 음식이 아니라 환상을 판다는 이야기는 광고 기획에서나 듣던 발상이었는데, 이것이 외식업의 본질이라 말하는 것이다. 일본의 규슈 도자기박물관 카페에서 내어주는 케이크와 커피가 담긴 그릇이 200~300년 넘는 것들이라는 걸 알게 되는 순간 그 음식들이 갑자기 훨씬 가치 있게 느껴지는 마법 같은 일이 일어난다. 여기에서도 이 그

릇이 정말 그렇게 오래된 그릇인지 아무도 따지지 않는다고 말한다. '이미지'를 팔고, 그것을 다른 사람이 따라 하게만 만들어도 외식업은 충분히 성공할 수 있다는 것이다. "어떤 음식점들 가면요. 유명한 사람들 사인, 같이 찍은 사진, 막 덕지덕지 붙어있거든요. 그래서 성격 좀 깔끔하신 분들은 딱 들어서는 순간 막 번잡해 보인다며 싫어하기도 합니다. 근데 속으로는 딴생각 안 합니다. 다행이다. 저 사람들도 와서 만족했구나."

작가가 원숭이에게 바나나를 주는 실험을 근거로 '거울신경세포Mirror Neuron' 이론을 강조해서 설명하기도 했던 것처럼, 인간은 심리적으로 쉽게 타인의 행동을 모방하는 존재이다. 이러한 모방을 통해 심리적 안정과 함께 사회적 관계망을 형성해 나가는 존재로, 이러한 성향을 음식산업에서도 쉽게 마케팅 전략으로 사용할 수 있다는 것을 확인시켜 주었다.

외식업의 세계,
창의성과 장인정신으로 도전하라!

"계층을 뛰어넘을 수 있는 사다리가 외식업에는 아직까지 존재합니다"라고 다음 이야기의 포문을 연 박상현 작가의 목소리에 방청객들이 흥미로운 얼굴로 쳐다보았다. '개천에서 용 난다'는 말은 옛말이고, 흔히 '흙수저'와 '지잡대'를 하나의 신분처럼 낙인찍고, 성공하기 어렵다고 말하는 것이 요즘의 현실이다. 그런데 부산에서 '외식업'을 통해 성공한 젊은 외식 사업가들이 있다는 것도 모자라, 그들이 고학력이나 많은 자본으로 성공한 것이 아니라는 이야기에, 그렇다면 다른 사업과 다르게 외식업에서 성공할 수 있는 가장 중요한 요소가 무엇인지 궁금해졌다.

그가 알고 있는 '앙팡테리블' 외식 사업가들 중에는 흔히 말하는 명문 대학을 나온 친구들은 하나도 없다. 그러면서 외식업에서 가장 중요한 것은 노력과 절박함이라고 강조했다.

우리가 잘 알고 있는 프랜차이즈 전문점 '명랑핫도그'는 부산에서 출발한 외식업체이다. '메가커피', '컴포즈커피', '텐퍼센트 커피' 등 가격 경쟁력을 가진 커피 브랜드도 80%는 부산에서 시작되었다고 말한다.

이러한 명랑핫도그나 저렴한 커피전문점 등 창의성 있는 사업들도 중요하지만, '장인정신'이라는 본질을 놓치지 않는 끈기 있는 가게들도 부산에 많다. 삼진어묵, 거대갈비, 면옥향천, 양산국밥, 삼송초밥, 화명옥 등 부산 사람이라면 한번쯤 들어본 적 있는 가게들의 성공에 끈기 있게 장인 정신을 가지고 도전하는 것 이상의 노하우는 없다. 물론 전략적으로 '이미지'를 구축하고 브랜드를 만들어내는 상업적 마케팅 전략을 세우는 것도 이제는 빼놓을 수 없는 기본이 되고 있지만 말이다.

'삼진어묵'은 오랜 역사를 지닌 업체지만, 가판대 형태의 보통 어묵 가게를 '빵'을 파는 집처럼 고급화 전략을 취하면서 새로운 브랜드화에 성공했다. 인구유동량이 많은 부산역을 공략해 삼진어묵을 전국적으로 알리는 전략을 성공적으로 이끌었다. '거대갈비'는 도축장에서 가장 비싸게 경매된 고기를 사서, 거대한 저장고를 만들어 보관할 정도로 좋은 식재료에 돈을 아끼지 않는다. '면옥향천'의 사장님은 메밀에 미쳐서 좋은 음식 만드는 것을 넘어 메밀 키울 밭까지 직접 사서 경영하는 진짜 '장인정신'의 모범이라고 칭송했다.

양산국밥은 오래된 가게가 아니지만, 항상 신선한 재료에 좋은 고기를 쓰는 것은 물론, 술에 대해서도 진심이라 잔술을 팔던 옛 기억을 향수하면서 위스키, 코냑 등 애주가들이 좋아하는 고급 브랜드의 술을 맛볼 수 있도록 하는 창의적인 전략으로 장사를 한다. '삼송초밥'의 경우 아직도 김초밥 하나를 만드는 데 60년 전 그대로의 장인정신을 지켜가며, 98겹이나 되는 일본식 계란말이를 만들고 있다. 초밥에 들어가는 자연산 광어를 전통 그대로 찌고 건조하는 방식도 여전히 유지한다. 그만큼 변하지 않는 '장인정신'으로 유명한 일식집이다. 마지막으로 '화명옥'은 사장이 장인정신보다는 '창의성'으로 승부하는 가게다. 화명옥 이전에는 청국장 사업을 하며 청국장만 100만 그릇을 팔았고 목표를 이루고 나서는 미련 없이 사업을 접고 다시 새로운 아이디어에 도전했는데 그것이 보쌈집 화명옥이었다. 현재 운영은 종업원들에 맡기고 자신은 메뉴 개발에 힘쓰고 있다고 한다.

부산에서는 이렇게 창의력과 장인정신으로 외식업의 바람을 일으키는 장인들이 많다. 이들은 특별한 재능이 아닌 창의성과 장인정신으로 누구보다 끈기 있게 노력하는 것만으로도 '개천'에서 '용'이 될 수 있다는 가능성을 보여준, 지역 음식산업을 이끄는 진정한 리더들이다.

부산 외식업의
미래를 생각하며

박상현 작가는 앞으로 외식업의 발전을 위해 창의적인 기획과 사업전략을 넘어서 인재 육성에 힘쓰고 싶다고 했다. "부산에는 훌륭한 요리사들이 많습니다. 그래서 제가 3년 동안 삼고초려 해서 이 인재들을 끌어모았습니다. 이것이 제가 부산에 내려온 첫 번째 이유인데, 이 친구들과 함께 부산로 컬푸드랩 사단법인을 만들었습니다."

서울에 있는 요리사들은 어떻게든 스포트라이트를 받지만, 지방에 산다는 이유로 솜씨가 훌륭해도 인정받지 못하는 요리사들도 많다. 이들이 모여 부산의 식재료로, 부산의 이야기를 담아 요리 연구를 시작했다. 벌써 23개의 요리 레시피가 만들어졌고, 그것으로 부산의 특색 있는 요리를 알려 나가고 있다.

처음에는 좋은 레시피를 만들어도 알아주지 않았지만, 시식회를 열고 신문과 방송 등 언론에 소개가 된 후로는 부산에서 열리는 모든 국제 행사에 '부산로컬푸드랩'에서 제공하는 요리 레시피가 쓰이고 있다고 한다. 그는 강연을 마치며 말했다. "부산에 인재들이 많다는 것을 알아주셨으면 좋겠습니다."

강의가 끝났지만, 방청객들의 질문은 이어졌다. 박상현 작가는 끈기와 노력으로 외식업 세계에 도전한다면, 자본이 많지 않아도 배움과 창업의 기회가 주어질 수 있다고 이야기했다. 끝으로 부산에서 새로운 외식업의 붐이 일어나길 바라며, 인재 육성을 위해 최선을 다하겠다는 의지를 내비쳤다.

부산은 항상 관광업과 산업단지 중심으로 새로운 붐을 일으켜야 한다고 말하면서도, 누구도 '외식업'이 부산에서 가장 중요한 사업이라고 이야기하지는 않았다. 강연을 듣느라 식어버린 원두커피를 마시며, 작가가 한 말을 다시금 되새겨본다. 미식의 시대, 부산 외식산업의 부흥은 어려운 일이 아니라 관심과 노력, 그리고 확실한 자본의 투여를 통해서 더 발전할 수 있는 창창한 블루오션임을. 그런데도 부산의 청년들이 지역을 빠져나가는 첫 번째 이유가 '취업'이라는 뉴스가 너무 많이 들렸다. 고령화, 저출산, 청년들의 이탈 등 부산에 도래한 문제를 해결할 중요한 방법 중 하나가 외식 산업의 부흥이 아닐까. 산, 들, 강, 바다가 다 있는 따뜻한 부산, 우리나라에서 가장 먼저 근대 도시가 만들어진 역사적 장소이기도 한 부산. 이곳에서 외식산업과 관광산업의 시너지 효과로 새로운 미식의 시대를 맞이할 수 있지 않을까?

2부
혁신과 전환

미래산업을 이끌,
꿈의 이차전지

금양 장석영 부회장

이차전지의 새로운 미래를
만나는 시간

2024년 새해가 시작된 지도 이미 보름이 흘러간 1월 중순. 겨울이 정점에 이른 날씨는 꽤나 쌀쌀했다.

"주식회사 금양. 이차전지라⋯."

'부산아테네포럼 시민아카데미'가 열리는 아테네학당으로 향하며, 오늘의 주인공인 금양 기업에 관해 찾아보았다. 검색창에 제일 먼저 뜨는 것은 확연한 성장세에 관한 것이었다.

"부울경 시총 1조 이상 15곳… 금양 1년 새 4조 7,862억, 351%↑" <국제신문> 2024년 1월 15일

놀라운 성장세 다음으로는 주가의 강약세를 분석하는 기사가 가득했다.

"금양, 주가 이제부터 다시 상승세? 이차전지 행보에 관심 주목."

'금양'이란 브랜드의 현재 주가 추이와 이차전지 강세에 대한 기대를 담고 있는 글로 검색 페이지가 꽉 찰 지경이었다.

이차전지에 대한 개념을 홍보하며 관련 인재 양성에 힘쓰는 모습도 눈에 띄었다.

"부산권 이차전지 공유대학 수료식…, 부산테크노파크와 7개 대학 참여"

사흘간 관련된 기사가 스무 개를 넘었다. 과연 이름값 하나로 보더라도 뜨거운 관심을 받고 있는 기업임은 분명했다.

버스는 대청로로 접어들더니 책과 학문의 기운이 넘실거리는 보수동에서 멈춰 섰다. 몇 발짝 가지 않아 오늘의 강의가 펼쳐지는 아테네학당이 나타났다. 강의 시간이 다 되어가는지, 강연장으로 올라가는 엘리베이터의 문이 닫히려 할 때마다 "잠시만요." 하고는 한두 명씩 올라탔다. 강의에 대한 열기가 벌써부터 느껴졌다.

BACA는 2023년 하반기 4회에 걸쳐 '부산기업정신탐험 -

나는 기업이자 혁신이다'라는 주제의 시즌 1 강좌를 개최했다. 총론적 관점에서 부산기업정신에 대한 지역 전문가 강연이 진행된 바 있다. 이날 강의부터는 시즌 2. 지역 혁신 기업인 7명이 직접 나와 각 기업의 도전과 성장 스토리를 펼쳐낼 예정이었다. 금양의 강의 '변화와 도전, 금양과 기업가 정신'이 바로 시즌 2의 시작인 것이다. 그만큼 많은 관심이 모인 자리이기도 했다. 과연 강연장에 들어서자 자리가 모자랄 정도였다. 시계를 보자 강의 시작까지 아직 10여 분쯤 남아있어, 슬쩍 한 바퀴를 돌며 사람들의 수군거림과 기대를 엿보기로 했다.

"내, 니 말 듣고 며칠 전에 금양 주식으로 한 50주쯤 넣어놨다. 오늘 강의 함 들어보자."

"잘했다. 내도 제법 넣어놨다. 부산에서 이차전지! 멋지다 아이가?"

"근데, 요새 쪼께 내려가던데?"

"걱정 마라. 그래가 오늘 강의 들으러 안 왔나? 눈 딱 감고 기다리 보자."

오오, 친구 두 사람이 금양에 직접 투자한 모양이었다. 두 친구 뒷줄에선 이차전지에 대한 의견 교환이 한창이었다.

"아니던데? 배터리 점유율은 중국이 세계 1위라던데…."

"천만에! 중국은 좋든 말든 자기 나라 걸 쓰거든. 깨고 말해서 중국 내 내수시장 점유율이 압도적이란 말이야. 중국 인구가 좀 많나? 중국 제외한 세계 점유율로 따지면 우리나라가 50%가 훨씬 넘지."

"그럼, 테슬라에도 우리 국산 배터리가 들어가는 거예요?"

"하모, 이따 강의 들어보믄, 내 말 다아 맞다 할 거로?"

벌써 이차전지 예습을 많이 하고 오신 모양이다. 조금만

더 얘기하면 강단으로 나설 기세였다.

"오늘 강의는 장석영 부회장이 하네?"

"예전에 과학통신부 차관도 했다던데요?"

강의에 나설 금양의 장석영 부회장에 관한 이야기였다. 어느덧 강의 준비가 마무리되었는지 강사에 대한 소개가 시작되었다.

"정보통신부에서부터 방송통신위, 그리고 과학기술정보통신부 제2차관까지 두루 거치며 세계 최초 5G 상용화 등 굵직한 현안을 담당해 온 정보통신 전문 관료 출신이자, 4차 산업혁명시대의 새 산업과 서비스에 관한 전문가로 2021년 4월부터 주식회사 금양의 부회장으로 활동하고 계십니다."

곧이어 마이크를 이어받은 장석영 부회장의 인사가 시작되었다.

"안녕하십니까? 방금 소개받은 장석영입니다. 처음에 시민아카데미 강좌를 소개받고 보니까, 강좌 주제가 기업가 정신, 그리고 기업의 도전과 성공 스토리였습니다. 그래서 사실 이 자리에는 류광지 회장님께서 나오셔야 하는데… 제가 나오게 됐습니다. 아시는 것처럼 금양이 이차전지 산업에 뛰어들다 보니까 돈과 노력이 엄청나게 필요합니다. 투자도 받아야 되고, 또 리튬 등 원자재 확보를 위해 광산도 개발해야 되고… 그런 사정으로 회장님이 이번 주에는 몽골에 또 가셨어요. 지금 몽골이 영하 30도쯤 된다던데… 열심히 뛰고 계십니다. 그래서 부득이하게 제가 나오게 됐습니다. 그래도 기업정신과 기술과 인문학을 접목하는 이 강좌에 금양을 초대해 주셔서 감사하고, 최선을 다해 좋은 정보 알려드리도록 노력하겠습니다.”

금양의 활발한 활동 모습과 강의 직전 겸양의 표현이 함께 담긴 인사말이었다. 사카린 공장에서 첫 출발하여 발포제 전문회사에서 지금까지 70년의 역사를 가진 기업, 그리고 이차전지와 수소연료전지를 주무기로 미래의 4차 산업혁명에 뛰어든 부산의 기업, 금양의 이야기를 만나볼 시간이었다.

4차 산업혁명에
관하여

“금양 기업에 관한 이야기를 나누기 전에 먼저 4차 산업혁명에 대해 말씀드릴까 합니다. 이는 새로운 시대의 변화에 대응해서 도전하는 금양의 기업정신을 설명하는데 밑바탕이 됩니다. 또 그것이 우리가 이차전지 산업에 뛰어든 이유이기도 하기 때문입니다.”

첫마디에 ‘4차 산업혁명’과 ‘이차전지’라는 단어가 나왔

다. 이는 현재의 금양을 설명하는 가장 주요한 키워드이기도 하다.

4차 산업혁명이란 무엇인가? 여러 개념의 설명들이 있지만 대체로 살펴보면 '정보통신기술ICT 인공지능기술 및 사물인터넷, 빅데이터, 모바일 등과 산업의 융합을 통해 생산성이 고도로 향상되고 제품과 서비스가 지능화되는 것을 말하며, 이로 인해 사회·경제 전반에 혁신적인 변화가 나타나는 것'을 의미한다.

"인류학자 '이언 모리스'에 따르면 인류에게는 크게 네 가지의 사회 발전 지표가 있었다고 합니다. 첫째 인구가 얼마나 많으냐, 둘째 무기가 얼마나 발전했느냐, 셋째 1인당 에너지를 얼마나 사용하느냐, 넷째 정보통신 커뮤니케이션 기술이 얼마나 발전했느냐, 이렇게 말이죠.

그런데 이 지표가 확 꺾이는 변곡점이 나타납니다. 바로 증기기관이 발명된 1775년, 바로 산업혁명 시기였습니다. 증기기관은 특정한 분야에만 쓰이지 않고 사회 전반의 기술로 쓰이며 '범용 기술'이 됐습니다. 이렇게 사회의 변곡을 일으킨 범용 기술의 혁명은 여러 번 있었습니다. 전기로 대표되는 20세기 초반의 2차 산업혁명, 인터넷과 정보화 기술에 바탕을 둔 3차 산업혁명, 커다란 변곡점은 지금까지 그렇게 나타났습니다. 그런데 지금 우리에게 또 한 번 커다란 변곡점이 다가왔습니다. 이것이 바로 4차 산업혁명입니다."

그렇다면 코앞까지 다가온 4차 산업혁명을 우리는 어떻게 받아들여야 할까? 장 부회장은 "4차 산업혁명은 한마디로 인공지능이 범용기술로 경제와 사회 전반에 활용되는 시대로, 인공지능이 4차 산업혁명의 두뇌라면 배터리는 이 두뇌가 활동할 수 있도록 도와주는 에너지원 즉 심장입니다."라고 강조하면서 4차 산업혁명을 뒷받침하는 기초로서 배터리의 역할을 설명했다. 2023년 등장한 ChatGPT와 구글, 아마존, 네이버 등 여러 빅테크 기업의 인공지능이 산업과 사회 각 분야에 신속하게 활용되고 있다. 그리고 여러 기업과 국가가 인공지능과 배터리 등 첨단기술을 통해 경쟁력 강화

를 위해 노력하는 모습에서 성큼 다가온 4차 산업혁명을 실
감하게 된다.

　금양은 이러한 시대가 위기가 아니라 기회임을 가장 빠르
게 포착한 기업 중 하나이다. 변혁에 잘 대응하면 개인도 기
업도 국가도 더 좋은 도약의 기회로 삼을 수 있다. 발포제를
주력 산업으로 하던 금양이 이차전지와 수소연료전지를 신
사업으로 채택했던 것도 바로 그런 이유였다.

사카린에서 이차전지까지의
70년

　금양은 1955년 11월 17일 금북화학공업주식회사1955~1978년
라는 이름으로 부산시 부산진구 부전동 406번지에서 첫 업
무를 시작했다. 그때만 해도 지금의 동래 메가마트 맞은편
금양해바라기 아파트 자리에서 사카린을 생산하던 업체였
다고 한다. 국내 최초로 사카린을 생산하던 금양은 1970년
대 신발산업과 피혁산업이 한창이던 부산에서 발포제 공장
을 세웠다. 1976년에 한국증권거래소에 주식상장하고, 1978
년에 현재의 이름으로 바꾼 금양은 이후 'CELLCOM'이라
는 브랜드로 고무와 합성수지 등의 분야에 쓰이는 발포제 회

사로 국내 시장 선두를 달렸었다. 하지만 금양이 전국적으로 알려지기 시작한 것은 2020년부터이다. 금양의 류광지 회장은 이차전지 분야에서 주요 재료로 쓰이는 수산화리튬, 지르코늄 첨가제, 원통형 리튬전지, 수소연료전지 등의 사업에 진출을 선언하고 리튬 광산에 투자하며 투자자들에게 인지도를 높였다. 이후 금양은 차세대 이차전지 주도주로 급부상하며 2022년 상반기부터 2,000%에 가까운 주가 폭등이 이어졌다.

하지만 금양의 도전은 나열한 겉모습만으로 이루어진 것이 아니다. 현 금양의 책임자인 류광지 회장이 위기를 이겨냈던 에피소드는 많은 부분에서 금양만의 남다른 철학을 엿볼 수 있는 부분이다.

류 회장은 대학 졸업 후 당시 국내 대기업에 입사해 자회사인 증권사에서 근무했다. 그러던 중 지인 한 명이 위기에 처한 금양을 도와줄 것을 부탁했다. 류 회장은 여러 고민 끝에 1998년 과장으로 금양에서 근무하게 된다. 류 회장은 당시만 해도 몇 년만 근무하다 다른 일을 알아볼 생각이었다고 했다. 대기업의 근무 여건과 이곳 중소기업의 여건은 너무나도 차이가 났던 것이다. 그런데 엉뚱하게도 재미가 생겼다. 직접 제조한 상품을 세계 곳곳에 판매한다는 사실이 그의 가슴을 뜨겁게 만들었다. 그렇게 회사에 몸 바쳐 일하던 류 회장에게 난관이 다가왔다. 투자 실패로 회사가 어려워졌고, 당시의 대표이사와 임원들이 물러나는 사건이 일어났던 것이다. 당시 상무급으로 중국 공장에 있던 류 회장은 국내로 돌아와 울며 겨자먹기식으로 회사의 책임자를 맡았다. 금양기업 류광지 회장이란 명함을 탄생시킨 일화이다. 이후에 다가온 것은 고생밖에 없었다. 남은 직원들과 회사를 살리기 위해서는 희생이 필요했다. 떠나려는 직원들과 신뢰가 떨어진 노동조합의 노조원들과 어깨동무를 하고 함께 달려야 했다. 거의 매일 새벽같이 직원 식당에 나와 함께 밥 먹으며 회사 상태를 설명하고 소통했던 그는, 2003년 증권회사의 경험과 인맥을 기반으로 투자금을 유치해 냈다. 이때 자신의 아파트까지 팔아 투자금에 보탰다는 이야기는 꽤나 유명한 일화이다. 그때 류 회장은 이를 악물고 자신의 무임금을 선언했다. 또 임원들과 부장급 간부의 월급도 삭감하며 직원들에게 회사 살리기의 의지를 내보였다. 그럼에도 불구하고 일반 직원들은 단 한 푼도 임금을 삭감하지 않았다. 도리어 직원들을 위해 회사가 이익을 남길 시에 10%의 임금 인상을 약속했다고 한다.

"직장인에게 가장 중요한 것은 급여입니다. 월급을 많이 받아야 일할 맛이 나죠."

한 언론 인터뷰에서 류광지 회장이 했던 말이다.

2003년 투자금을 유치한 이후, 금양은 거의 매해 이익을 냈다. 그리고 직원들과의 약속이 지켜진다. 금양은 2009년부터 해마다 10% 급여를 인상하고 있다고 한다.

"회장님은 회식 때마다 우리가 글로벌 넘버원이 돼야 한다. 직원들과의 약속을 지키려면 우리 회사가 새로운 신제품을 만들고, 새로운 판매 방식을 만들어야 한다고 말씀하십니다. 우리가 먼저 세계의 변혁에 맞춰나간다는 거죠. 지금 우리가 개발하고 있는 수소연료전지와 이차전지는 바로 그런 정신으로 만들어 나가고 있는 것입니다. 말 그대로 4차 산업 혁명에 주도적으로 나서고 있는 것이죠."

장 부회장의 이야기에 청중들이 고개를 끄덕인다. 가만히 머물러 있지 않고 끊임없이 도전하는 금양과 그런 금양을 한마음 한뜻으로 만든 직원들, 그리고 오늘도 몽골로 떠나있다는 류광지 회장의 행보가 맞아떨어지기 때문일 것이다.

이차전지
금양이 개발 성공!

"꿈의 이차전지 '4695 배터리', 부산 이차전지 기업 금양이 개발 성공!"

2024년 3월 4일의 국제신문 1면의 기사 제목이다.

금양은 '꿈의 이차전지'라 할 수 있는 '4695 배터리' 개발에 성공했다. 금양은 서울 코엑스에서 개최되는 '인터배터리 2024' 전시회에서 4695 원통형 배터리지름 46㎜·길이 95㎜의 실물을 공개하고 시연을 진행했다.

1월 15일 강의에서 장석영 부회장은 지금 이차전지의 개발 공정이 진행 중이라고 얘기했었다. 그는 4695 배터리 개발 단계부터 4가지 목표를 설정했다고 했다. 그로부터 채 두 달이 지나기도 전에 개발 공정의 목표는 모두 달성되었다. 놀라운 성과가 아닐 수 없다. 당시로 다시 돌아가 보자.

"이차전지 산업의 특징은 따로 콕 집어 이야기할 수 없을 만치 많습니다. 그래도 설명을 드리자면 이렇습니다. 2차전지라는 건, 말 그대로 1차전지와 대비되는 거죠. 한 번 쓰고 버리는 게 아니고, 두 번 세 번 쓸 수 있다는 겁니다. 그래서 충전하면 쓸 수 있는 건데, 이런 이차전지의 원재료나 원자재가 리튬, 코발트 이런 것입니다. 또 양극재, 음극재, 전해질 분리막 이런 요소들로 배터리를 실제로 만들고 자동차에 넣든지 핸드폰에 넣는 밸류체인원료가 가공되어 최종 사용자에게 제품 및 서비스가 제공되는 프로세스. 그리고 그 가치를 유지하거나 증대시키기 위해 연결되는 업무군 또는 회사들을 묶어서 말함으로 생산과정이 설명됩니다. 그런데 이런 이차전지가 점점 더 많이 필요해지고 있는 것이 현재의 추세입니다. 유럽만 해도 2035년부터 내연 차량을 판매하지 못하게 돼 있습니다. 배터리 수요만 보더라도 연평균 30% 이상 증가할 전망입니다. 아주 급격한 성장을 하는 거죠. 금양은 세계 곳곳에서 리튬 광산을 운영하고 있고, 양극재 공장도 같이 하고 있습니다. 그런데 아까도 말했 듯이 금양뿐만 아니라 밸류체인으로 연결되는 관련 업체가 많을수록 그 효율은 더 좋아집니다. 현재 기장에 금양의 이 차전지 공장을 짓고 있습니다. 이곳의 넓은 부지에 관련 업 체들이 그것도 중소기업들이 함께 들어온다면 얼마나 좋겠 습니까?"

얼마 전 젊은이들이 가장 많이 떠나는 도시 1위로 부산이 선정됐다는 불편한 뉴스가 들려왔다. 불가사리처럼 하루가 다르게 문화와 경제를 집어삼키는 중앙 중심의 서울공화국이 어제오늘의 이야기는 아닐 터이다. 그런데 지역의 한 기업이 그 판도를 제대로 바꾸는 이야기를 하고 있었다. 그것도 부지 런히 걷고 달리고 꿈을 꾸던 기업이, 부산을 기반으로 차근차 근 쌓아 올린 성과로서 당당히 쏟아내는 이야기였다.

금양의 꿈,
그리고 부산의 꿈

그 옛날 전국을 주름잡던 부산의 기업들이 자의 반, 타의 반으로 부산을 떠나갔다. 부산은 점점 옛날의 영광만 씹고 있는 공허한 도시로 바뀌어 가는 중이라고 여겨졌다. 하지만 바다와 강과 산과 들을 모두 가지고 있고, 항구와 철도와 공항을 모두 가지고 있으며, 역사적으로 국제적 소통이란 전문성을 가졌던 도시는 세계의 어디를 둘러보더라도 찾기가 드물다. 그런데 그 모든 것을 지니고 있는 곳이 바로 부산이란 도시이다. 부산의 기업 금양은 그런 도시의 기업만이 할 수 있는 상상력과 실천력으로 우뚝 서고 있었다.

"마지막으로 이차전지의 개발공정 목표를 말씀드릴 때 빠진 것이 있습니다. 에너지 밀도 극대화, 충전 속도 가속화, 배터리 수명 연장, 성능 대비 가격경쟁력 확보… 그 모든 것이 중요하지만 경쟁력에서 가장 중요한 것이 바로 안전성 확보입니다. 중국의 내수시장이 아무리 크다고 해도 들려오는 소식을 들어보면 그 안전성은 믿을 것이 못됩니다. 금양은 4차 산업혁명의 그림자보다는 빛의 역할을 하기 위해 최선을 다할 것입니다. 지금 이차전지 배터리 개발하는 회사가 몇 있습니까? 삼성SDI, LG에너지솔루션, SK온 이렇게 대기업 세

곳입니다. 앞으로의 전망이 너무나도 좋지만, 단점은 돈이 너무나도 많이 들어간다는 것입니다. 아무나 들어올 수 있는 분야가 아닙니다. 금양이 기장에 공장을 짓고 있는데, 기장공장이 2023년 9월에 착공해서 올해 준공할 때까지 들어가는 액수가 무려 1조 2천억 원입니다. 하지만 금양은 자신 있습니다. 이렇게 제대로 된 공장이 지어지면 피땀 흘려 연구한 배터리가 제대로 된 상품으로 아주 잘 나올 것입니다. 그래서 금양은 회장님부터 직원들까지 모두 낮과 밤, 토요일 일요일 없이 열심히 일하고 있습니다. 이제 여러분들이 응원하고 관심을 가져주시면, 더 큰 힘을 낼 수 있을 것입니다. 이만 강의를 마치겠습니다."

금양기업 장석영 부회장의 강의가 마무리되었다. 그 내용만큼이나 청중의 박수는 뜨거웠고, 부산 기업의 활약에 가슴도 뜨거워졌다. 심지어 강의가 있은 지 한 달 반 후, 금양은 놀랍게도 원통형 이차전지 개발에 성공했다.

"꿈을 가진 자는 아름답다"라는 말이 있다.

위기의 회사를 일으키기 위해 임원과 직원들이 힘을 합치며 했던 약속… 그 약속은 여전히 지켜지고 있고, 그 약속을 지키기 위해 회사는 더 큰 꿈을 꾸었다. 그리고 함께 약속했던 회사의 사람들은 또 다른 꿈을 위해 더욱 힘껏 달려가는 중이다. 그 속에 숨겨진 신뢰와 실천은 현재를 살아가는 우리들에게 많은 것을 시사한다. 부산 기업 금양의 꿈이 더욱 원대해지고 더욱더 큰 발걸음으로 나아가기를….

강의가 끝났음에도 그치지 않던 박수에는 바로 그러한 기원이 담겼던 게 아닐까?

마지막으로 외쳐본다.

부산 파이팅! 부산 기업 금양 파이팅!

표면처리 전문
스마트팩토리의 선두주자

동아플레이팅 이오선 대표이사

겨울 끝자락의 저녁

비를 뚫고

매섭게 몰아치던 겨울이 끝자락을 잡고 놓아주지 않던 2월의 어느 월요일. 봄을 재촉하는 듯 촉촉하게 비가 내리던 날이었다. 가뜩이나 밀리는 퇴근 시간에 미끄러운 빗길까지 더하니 도로는 교통체증으로 꽉 막혔다. 오늘 아테나 학당에서 만날 기업은 동아플레이팅. 강의 전 미리 부산 강서구 녹산공단에 위치한 회사와 공장에 답사를 다녀왔던 터라 예습

이 잘 되어 있는 편이었다. 그렇다면 동아플레이팅은 무엇을 하는 기업인가? 답은 바로 도금!

도금이라… 보통 도금하면 반지, 목걸이 이런 장식물 표면에 금이나 은을 입히는 걸 생각하기 쉽다. 하지만 현대의 산업에서 도금은 '표면처리'라는 용어로 바뀌었고, 그 영역은 훨씬 더 깊고 다양해졌다. 현대 사회에서 도금은 거의 모든 공산품에 적용되는 필수 공정이다. 하지만 일반인들에게는 잘 알려지지 않은 생소한 분야이기도 하다.

동아플레이팅의 이오선 대표는 한 인터뷰에서 표면처리, 즉 도금을 이렇게 설명했다.

"쉽게 설명하자면 금속 표면에 아연을 얇게 입히는 작업이죠. 적용 범위는 끝이 없습니다. 지금 끼고 계신 안경테에 새겨진 글자도, 들고 계신 휴대폰의 표면도 모두 도금 작업이 들어간 겁니다."

많은 사람들이 사용하는 안경테나 손에 들고 있는 휴대폰에도, 하다못해 커피 텀블러에도 표면처리 기술이 모조리 적용된다는 얘기이다. 현재 도금은 일반 전자제품부터 자동차부품까지 모든 공산품의 '절대적 공정'이라 불릴 정도로 우리 생활 속에 일반화되어 있다. 하지만 생산 공정상 발생하는 악취 폐수 등으로 인해 대표적인 '3D산업Dangerous, Difficult, Dirty'으로 인식돼 온 것이 사실이다. 그런데 동아플레이팅에 직접 가보면 선입관이 모조리 부서지며 세 가지 인상이 강하게 다가올 것이다.

'젊다, 깨끗하다, 스마트하다'

"제가 강연하러 오는데 밖에 비가 오더라고요. 그래서 자리가 많이 비지 않을까 걱정했는데, 이렇게 꽉 채워주셔서 너무 감사합니다."

이오선 대표의 인사가 시작됐다. 주위를 살피니 자리는 이미 입추의 여지가 없었다.

"자기가 살아온 이야기를 많은 청중 앞에서 할 수 있는 사람이 과연 얼마나 될까요? 그래서 나는 참 행복한 사람이라고 느낍니다. 저는 공부를 많이 한 사람이 아니라서 지식은 없습니다. 그래서 경험을 바탕으로 얘기하겠습니다. 기업을 운영하면서 제가 걸어왔던 이야기들을 한번 말씀드리고자 합니다."

경쾌한 목소리가 울려 퍼졌다. 이 대표의 시원하고 털털한 성격이 그대로 드러나는 인사말이었다. 현재 그녀를 설명하는 직책은 무려 다섯 가지이다. 첫째 동아플레이팅 대표이사, 둘째 부산청정표면처리사업협동조합 이사장, 셋째 부산상공회의소 부회장, 넷째 최저임금위원회 사용자 위원, 다섯째 부산광역시 체육회 부회장. 그만큼 눈코 뜰 새 없이 바쁜 일정을

소화하면서도 특유의 에너지를 발산하는 이오선 대표이다.

더 젊게 더 깨끗하게
더 안전하게 100년

"제가 도금, 그러니까 '표면처리' 업계에 들어오면서 제일 많이 들었던 얘기가 '도금을 아무나 하나, 안 될 거다'였습니다. 그런데 저는 달려왔습니다. 불가능을 가능으로 바꾸기 위해서 말이죠. 현재 우리 회사의 비전은 100년 기업입니다.

'호텔 같은 도금 공장'! 바로 그것이 제 목표였습니다."

문득 모 일간지의 기업 스토리 기사를 위해 동아플레이팅으로 이 대표를 인터뷰하러 갔던 기억이 떠올랐다.

"안녕! 근무 끝나겠네. 밥 무야지, 같이 갈래요?"

사무실과 공장, 협동조합을 오가면서 만나는 직원마다 인사를 건네고 안부를 묻기 바빴다. 같이 걷던 부산청정표면처리사업협동조합의 상무님이 슬쩍 귀띔했다.

"저건 인사치레가 아니라 진짜 성격입니다. 직원들 근무시간 하나하나 다 꿰고 있죠. 매일 저리 챙기니 직원들도 반갑게 인사를 주고받잖아요?"

"하하하, 뭐라고 하세요? 밥은 묵고 일해야지요. 어어, 그래. 지금 출근하나. 오늘 야간인갑네. 근데 밥은?"

해맑은 인사가 계속 이어졌다. 하나를 보면 열을 안다는 말이 있다. 이 대표의 운영 마인드가 사람을 향해 있는 것만은 분명했다. 현장 직원들은 눈에 띄게 젊고 활기찼다. 3D 분야라 일컫는 공장 현장에서 젊음과 활기가 넘쳐나고, 직원과 회사 대표가 스스럼없이 안부를 묻고 있었다.

"젊은 인재들이 일하고 싶은 환경을 조성하고 싶었습니다. 5성급 호텔 같은 공장! 사무실이 칙칙하다 하면 흰색으로 싹 칠했고, 노후화된 작업환경도 개선했습니다. 직원들하고 소통하고 의견을 항상 들으려 노력했어요. 한번은 직원들이 여행 가고 싶다는 거예요. 공장 문 닫고 2박 3일간 제주도로 모두 떠났지. 주위에서 미쳤다고 했어요. 하하하!"

젊은이가 가장 많이 떠나가는 도시가 되어버린 부산. 하지만 이런 사실에 주저앉아 자조와 자책만 하고 있어서는 안 될 것이다. 동아플레이팅은 도전하는 기성세대와 젊은이가 함께 힘을 합친 모범 답안으로서 현존하는 기업이다. 새로운 미래의 부산으로 나아가는 첫걸음이 동아플레이팅에서 벌써 만들어지고 있는 셈이다.

"요즘 중대재해 처벌 등에 관한 법률이 큰 이슈가 되고 있습니다. 그런데 우리 회사에서는 걱정이 없습니다. 이게 우리 회사 무재해 기록판입니다. 제가 가장 자랑스러워하는 것 중의 하나입니다. 처음에는 목표를 300일 세웠습니다. 1년이 365일이잖아요? 공휴일, 일요일 등을 빼니까 한 65일은 빠지더라고요. 그래서 딱 1년만 사고 없는 현장 한번 만들어보자고 시작했어요. 우리 회사에서도 손가락이 날아가는 등 크고 작은 안전사고들이 많이 일어났었습니다. 그래서 300일을 목표로 시작했는데 성공했습니다. 그다음 목표는 점프해서 1,000일로 바꾸었죠. 그런데 신기한 것이 목표를 세우니까 되더라는 거죠. 환경을 바꾸고 사람들의 생각도 바꾸고, 안전에 대한 중요성을 계속 이야기했어요. 1,000일 다음에는 2,000일을 세웠고, 지금은 우리 회사 현장 중앙에는 목표

3,000일이 걸려 있습니다. 저희 회사가 상상도 하지 못할 안전 사업장이 된 것이죠. 이 정도면 정말 대단하지 않습니까? 그래서 동아플레이팅이 부산 대표로 ESG환경Environmental, 사회Social, 지배구조Governance 우수상을 받았습니다. 이쯤 되면 박수 한번 쳐주셔야 되지 않습니까? 이래서 교수님들도 우리 회사를 알아주시고 많은 학생들에게 소개해 주셨어요. 회사를 젊은이들이 찾기 시작한 거죠.”

　이오선 대표의 혁신은 여기서 그치지 않는다. 이 대표는 표면처리 기업들로 이루어진 부산청정표면처리사업협동조합의 이사장이기도 하다. 공장 바로 부근 협동조합 폐수처리장은 현재 공공기관과 타 기업에서 모범사례로 견학 올 정도이다. 근간에도 3억 5,000만 원을 들여 시설 작업을 한 바 있다. 매년 수억의 투자로 개선한 결과는 엄청났다. 7년 전만 해도 이 공단의 폐수처리장은 거의 폐기 단계였다. 하루 6만 원씩 매일 벌금이 매겨질 정도였다고 한다. 이오선 대표는 환경 개선 대신 표면처리업종의 인식부터 바꾸고 구조를 탈바꿈해 나갔다. 이제 ‘표면처리’ 라는 용어는 다시 바뀌었다. ‘청정표면처리’라는 이름으로 말이다.

더욱더
스마트하게!

표면처리 기업 동아플레이팅이 가장 빛나는 원인은 전 공정을 스마트팩토리 공정화시킨 점이다. 한 번도 힘들다는 이 혁신을 동아플레이팅은 다섯 번에 걸쳐 이뤄냈다.

"우리 회사는 1997년에 동아금속이란 이름으로 시작했습니다. 그런데 정말 어려운 시기에 시작했어요. 그해 10월에 바로 IMF가 왔으니까요. 제가 사실 보험사 소장 출신입니다. 정장에 또각 구두를 신고 보험 영업을 하던 이가 도금판에 들어왔으니, 그때 고생이 이만저만했겠습니까? 주위의 편견은 또 어땠고요? 하지만 저는 그때부터 여러 기관과 사람들과 많은 관계를 가지려 노력했습니다. 그렇게 10년의 세월이 흘렀습니다. 그런데 이 분야의 한계가 갈수록 더욱 드러났습니다. 힘들고 어렵고 더럽고 이런 3D 현장을 벗어날 수 없었고, 또 모든 공정의 마지막에 있다 보니까, 클레임이 걸리면 그 클레임을 해명할 수 없었고, 또 대응할 수 있는 인력도 없었습니다. 이런 모진 근무환경과 클레임에 대처할 수 없는 환경을 개선하기 위해 끊임없이 노력했습니다. 그래서 컨설팅도 받아보고 사람도 받아보고 투자도 해봤는데 중소기업의 현실은 한계가 있더라는 거죠. 또 이를 극복하려 노력

해도 결국 극복 이전에 직원들이 먼저 지쳐 그만둬 버리더군요. 그렇게 고민하고 있을 때 저에게 기회가 왔습니다. 2014년도에 스마트팩토리 사업이 있다는 걸 들었습니다. 우리나라에서 스마트팩토리가 활성화되기 전이었죠."

이 대표는 2015년엔 동종업계 최초로 MES제조실행시스템를 도입했다. MES는 생산 전 과정을 데이터로 기록해 관리하는 시스템으로 '스마트팩토리'로 가는 첫 단계로 볼 수 있다. 입출고되는 모든 제품에 바코드를 발급하고, 불량제품이 나와도 어느 공정에서 잘못됐는지 바로 확인할 수 있는 장점이 있다. 그런데 실제 MES의 득을 톡톡히 본 사건(?)이 있었다.

"4천만 원 지원받고, 1억 5천 정도 투자를 했는데, 스마트팩토리가 뭔지 아직도 제대로 모를 때였어요. 그런데 그때 우리 회사의 존폐를 가르는 사건이 생겼습니다. 2017년 외국에 납품한 부품이 부러지는 사고가 발생했어요. 일부 정밀부품에 표면처리 공정 중 한 과정이 빠진 채 납품됐다는 거예요. 공장에 외국인, 한국인 할 것 없이 관련 업자들이 몰려들었어요. 정말 지금 생각해도 아찔합니다. 저는 영어도 못 하는데 외국에 있는 사람들이 매일 회의하러 오는 겁니다. 그때 클레임이 약 36억이었어요."

그때 스마트 시스템이 빛을 발했다. 생산 전 과정을 복원해 보였고 제품 이력까지 바코드로 자세히 확인해 보였다.

문제가 된 과정은 거래처의 작업지시서 공정 누락으로 밝혀졌다. 이 사건은 동아플레이팅의 스마트팩토리 시스템이 협력업체에 커다란 믿음을 심어주는 계기가 됐다. "그러다가 18년도에 중기청에 스마트팩토리를 신청을 했는데 공급업체가 회사로 찾아와 대중소 상생형 스마트공장 구축지원 사업에 대한 설명을 했습니다. 이 사업은 삼성의 멘토를 파견해 준다는 거예요. 삼성의 DNA를 옮겨준다고 하면서 말이죠. 그때 회사를 한참 확장하고 있을 때라 저는 무조건 해야한다고 적극적으로 나섰지요. 이럴 때는 앞뒤 안 보고 뛰어드는 게 더 용감한 것 같아요. 멘토가 계속 B등급을 추천했지만 끝까지 관철해서 선정되고 말았죠. 정말로 선정이 되고나니까 달라졌습니다. 2018년도에 멘토 활동과 스마트팩토리 프로세서를 맞추는 작업을 하는데 첫 출근부터 멘토들이 작업복을 달라 하더라고요. 작업복을 입고 우리 직원보다 먼저 출근을 하는 겁니다. 그래서 현장의 작업자들하고 똑같이 일을 하고, 문제점들을 발굴하고, 그것들을 TF팀을 만들어서 매일매일 회의를 하면서 풀어가기 시작을 하는 겁니다. 그래서 정말 삼성은 다르구나 했지요. 3주 정도 되니까 귀가 열리고 눈이 뜨이는 겁니다. 제가 아예 밖의 활동을 다 끊어버렸습니다. 매일매일 TF팀 회의에 들어갔습니다. 그러다 보니까 정말로 혁신의 방법이 나오는 겁니다. 그 결과 표면처리 공장에 맞는 룰과 프로세스를 정립하고 이를 현장 혁신으로 이식하여 개선했습니다. 그리고 깨달은 것은 의구심을 직접 해소하게 됐습니다."

그 결과는 대단했다. 2018년 구조 고도화2차, 2019년 데이터 보안 강화 시스템3차, 2021년 로봇 프로세스 자동화 시스템인 RPA 도입4차, 2023년 고도화 3.55차가 순차적으로 이어졌다. 이오선 대표가 추구했던 호텔 같은 공장이 탄생했고, 젊은이들이 먼저 다가오는 회사를 만들어냈다.

"아무리 시스템이 잘 구축돼도 결국은 사람이 하는 일 아니겠어요. 처음부터 직원들의 교육에 공을 들였어요. 반발도 있었지만 직원들의 참여도와 이해도는 점점 높아졌습니다. 저는 그 열정에 투자했던 거죠. 분석된 내용은 새로운 시스템으로 개발됐고 각 파트 담당자에게 교육했어요. 시스템에 대한 높은 이해도는 더욱 적극적인 업무 활동을 끌어냈습니다."

변화는 눈에 띄게 나타났다. 지속적인 시스템 활용과 교육의 병행은 업무 효율 향상으로 나타났다. 데이터 공유로 현장과 사무실 간의 의견 대립이 사라졌고, 담당자들은 능동적으로 개선 상황을 건의했다. 이 대표는 이에 그치지 않고 또 한 발 나아갔다. 분야별 업무 특성을 시스템에 반영할 수 있도록 스마트공장 분석 전문 인력을 배치했다.

또 다른 혁신을 위한
발걸음

지금에 이르기까지 동아플레이팅은 무언가 한계가 있으면 생각했고 개선했다. 그것도 아니라면 모두 뒤집고 새로운 방식을 채택했다. 이제 동아플레이팅은 더 큰 혁신을 바라보려 한다.

"어른들이 이야기하죠. 감나무 밑에 앉아서 감 떨어지기를 기다린다. 절대 긍정적인 이야기가 아닙니다. 그 말을 우리에게 적용시켜 보면 이렇습니다. 표면처리업계는 계획을 세우고 그 계획에 맞게 일할 수 없는 업종입니다. 가공회사에서 물량을 받아야만 우리가 일을 할 수 있는 구조입니다. 우리가 마지막 공정이기 때문이죠. 예를 하나 들어볼까요? 예전에는 타 가공업체에서 물건이 오지를 않으면 손을 놓고 있어야 했습니다. 그럼 직원들은 기계 돌려놓고 물건 오기만 기다리는 겁니다. 제품이 올 때까지 말이죠. 그러면 보통 3시간에서 4시간 연장을 해야 하는데요, 생산 계획을 수립할 수 없는 구조인 거죠."

한 기업대표가 자기 회사의 전문분야가 가질 수밖에 없었던 한계를 고스란히 드러내고 있었다. 과연 어떤 것을 말하기 위해 그런 것일까?

"그런데 당시 삼성전자에 제조의 신이라 불렸던 김종호 전 사장님이 계셨어요. 그분이 '2차 가공 업체이지만 생산 계획을 세우고자 하는 사장이 있더라. 어떻게든 계획을 세워봐라.' 이렇게 얘기하신 거죠. 바로 우리 회사에 해당하는 얘기였어요. 그래서 스마트팩토리 팀이 장기 계획, 단기 계획을 고민한 결과 단기 계획을 수립합니다. 그러면 우리 회사에 물건이 오지 않았지만 우리는 이미 계획을 세웁니다. '몇 시쯤 도착, 몇 시쯤 작업, 몇 시쯤 나온다' 라는 게 수립되고 나니까 그때부터는 현장 혁신이 일어나기 시작했어요. 우리 스마트팩토리는 사람이 아니고 캐리어가 움직이는 겁니다. 로

붓들이 움직이는 것도 시간을 계산해서 시간을 당기는 중이 죠. 그래서 설비 부분까지 개선을 하니 생산성이 더욱 올라 가고 불량률이 줄어들게 되었죠. 만약에 스마트팩토리를 구 조화하지 않았다면 동아플레이팅은 아마 한 5년 전에 없어 지지 않았을까 싶습니다."

전문분야의 태생적 한계를 외면하지 않고 끊임없이 파헤 친 결과는 달랐다. 동아플레이팅은 스마트팩토리가 가져온 새로운 가능성을 딛고 한계마저 넘어서는 성과를 거두었던 것이다.

"스마트공장 도입 전에는 고민의 물음표가 훨씬 많았습니 다. '어떻게 하면 될까?'라고 말이죠. 그런데 이제는 '미래가 보이더라!'라는 말로 바뀌었습니다. 어떻게 하면 될지가 보 이더라는 겁니다. 제가 화장실에 가서 앉아 있는데도 불량의 경우가 떠오르고 문제 해결이 생각났어요. 그래서 고도화를 추진하고, 데이터를 집계하고, 분석하고, 활용하고, 제어가 가능한, 지능형 공장을 만들어야겠다고 생각한 것입니다. 사 람이 없는 도금 공장도 만들 수 있겠다. 그래서 다시 실천에 옮겼습니다. 생산, 실시간 의사결정, 제조 설비 현장에서 데 이터 전송… 이런 것들을 모두 운용할 수 있는 제어 시스템 을 만들기 위해서 동아플레이팅은 지금도 노력하고 있습니 다. 삼성과 중소기업 중앙회, 그리고 중기부 3개가 연합해서 대중소 상생형 스마트 공장을 선정하는데 S등급이 딱 7개 만 들어졌습니다. 그중 동아플레이팅의 성과는 단연 으뜸입니다. 여전히 대중소 상생형 스마트 공장으로 존재하고, 지능형 공장 프로젝트도 현재 진행하고 있는 중입니다." 이오선 대표의 표정에서 자신감이 넘쳐흐른다. 이 대표는 자신감의 원천으로 노력과 기회를 꼽는다. 그와 관련한 재미난 에피소드가 있다.

"제가 대중소 상생형 스마트공장을 지원한 전국 기업인이 300명 이상 모이는 자리에서 선배 기업으로서 연설할 기회가 있었어요. 그때 제 순서 전에 정해진 발표 시간을 넘기는 바람에 제 발표 시간이 모자라게 됐었죠. 제가 앞으로 나가 그랬어요. 점심시간 10분만 양보해 주실 수 있으면 박수를 쳐달라고 말이죠. 다행히 박수가 나오더라고요. 그때 제가 그랬어요. '제가 스마트팩토리 전도사 이오선입니다. 스마트팩토리 팀에서는 나름 BTS입니다.'라고 말이죠. 그때부터 청중들이 집중했고, 강연 내용에 뜨거운 반응을 보였어요. 차관, 국회의원, 기업 간부까지 모두 박수를 보냈었지요. 그때 제가 강렬한 인상을 드린 것 같아요. 저는 그 순간이 운명을 바꾸는 순간인 줄 몰랐었어요."

누구에게나 기회는 온다. 하지만 기회를 모두 다 잡지는 못한다. 사실 기회란 것도 노력이 없다면 잘 다가오지 않는 것이다. 그런데 이오선 대표는 그 기회의 순간을 이렇게 설명한다.

"저는 기회란 노력하는 자에게 오는 것이라 생각합니다. 그런데 제가 더 드리고 싶은 말은 기회가 왔을 때에 최선을 다하라는 것입니다. 제가 언감생심 전국 300명의 기업인들 앞에서 연설할 기회가 있었겠습니까? 저는 시간이 모자란 상황에서 그 기회를 살려보려 최선을 다했던 것이지요. 다행히 반응이 좋았었고요. 그런데 그 이후 여러 곳에서 저를 찾을 줄은 꿈에도 몰랐었지요. 게다가 그 일로 인해 삼성의 이재용 회장이 우리 회사를 방문하게 될 줄은 더 몰랐었고요. 여러분, 삼성 이재용 회장이 회장으로 취임하고 가장 먼저 찾았던 회사가 어딜까요? 바로 우리 동아플레이팅입니다. 놀랍지요? 우리 회사를 방문하기로 한 날이 삼성의 이사회 날이었고, 이때 회장으로 취임하게 됐던 것이죠. 그날 삼성 측이고 우리 회사 측이고 모두 난리가 났었어요. 원래 방문이 이사회로 취소됐다가 다시 성사됐기 때문이죠. 그날 이 회장과 많은 이야기를 나눌 수 있었고, 회사의 발전으로서도 정말 뜻깊은 시간이었습니다. 삼성 네트워크와 연결된 스마트 제조혁신 대전이나 비즈 엑스포 같은 행사에도 참여할 수 있었고, 우리 회사는 삼성으로부터 홍보부스를 제공받아 엄청난 홍보를 하기도 했습니다. 저는 이 모든 것이 최선을 다했기 때문이라 믿습니다. 기회라는 게 계획을 세우고 그걸 맞춰서 갈 때 생기는 것도 있지만, 자기도 모르는 사이에 기회가 되는 일도 있더라는 거죠. 그때 최선을 다했을 때 우리에게 더 큰 성과가 다가올 것입니다."

강의가 끝날 무렵 청중들의 박수는 뜨거웠다. 그것은 이오선 대표와 동아플레이팅이 걸어온 길이 드라마틱한 것도 있겠지만, 오늘날을 살아가는 우리에게 많은 것을 시사하면서 공감을 자아내기 때문일 것이다. 도금에서 표면처리로, 거기에 더해 청정표면처리까지…. 이렇게 용어가 바뀌는 과정은 동아플레이팅이 남긴 큰 스토리텔링이 아닐까 싶다.

'자신을 비우고 새로운 것을 받아들이는 용기'

용기 있게 실천하여 스마트팩토리의 BTS가 된 기업 동아플레이팅! 다음 행보에도 기대가 담긴 박수를 보낸다.

친환경으로 열어가는
내일

파나시아그룹 이수태 회장

창업자의 기업 소개와
성장 과정

'파나시아'를 이끌어 온 이수태 회장은 미래를 내다보는
발 빠른 경영을 지향하며 35년 가까이 기업을 이끌어 오고
있다. '파나시아'는 친환경을 바탕으로 한 부산을 대표하는
기업으로 '새로운 창조에 도전하는 기업'을 창업정신으로 삼
고 있다.

이 회장은 엔지니어 출신으로 '세상에 없는 기술'을 개발
해보겠다는 도전정신과 '원천기술 확보'를 통해 조선기자재

를 '국산화'하겠다는 다짐으로 제품을 개발해 왔다. 산업 기술 혁신에 앞장선 업체들에 수여하는 장영실상을 트리플로 수상하고, 수출 성과를 인정하는 부산수출대상, 삼억 불 수출탑을 달성하였다. 파나시아는 그동안 독자적인 기술로 대기, 수질환경과 수소 사업의 솔루션을 제시하여 탄소중립의 해양산업 시대를 만드는 데 기여 해왔으며 친환경 설비의 대표 기업으로 사업군을 꾸준히 확장하며 성장해왔다. 환경에 대한 전 세계적 관심이 높아지고 규제가 강화되면서 친환경 원천기술을 보유한 파나시아의 기업 가치는 점점 더 상승하고 있으며, 2023년 창립 35년 만에 지역 대표 중견기업으로 인정받았다.

　파나시아의 수장 이수태 회장은 부산대학교 기계공학과를 졸업하고 한국해양대학교 컴퓨터 공학과에서 석사 학위를 받았다. 이후 기업의 경영자로서 학문 베이스를 만들기 위해 여러 대학에서 최고경영자 과정을 수료하기도 했다. 학문을 탐구하는 그의 이력에서도 알 수 있듯, 이수태 회장은 다양한 분야의 지식을 섭렵하고 그것들을 새로운 방식으로 융합하는 것이 미래를 발전시키는 발판이라고 생각한다. 익숙한 길보다는 어렵더라도 기어코 하나씩 문제들을 해결해 나가는 쪽을 선택하는 그의 혁신 정신은 기업 경영에도 그대로 반영되어 파나시아는 중소, 중견 제조기업 도전의 역사를 매

번 새롭게 개척해 나가고 있다.

　'사선경영'을 통해 미래를 대비하는 이수태 회장은 6개월 최고 경영자 과정부터 서울공대 전략 과정, 와세다대 단기 과정 그리고 해양대에서 수료한 공학석사 과정까지 끊임없이 공부해 왔다. 이러한 과정을 통해 현장에서 경험했던 것을 책에서 확인하고, 다시 확인한 것들을 나름의 이론으로 정립하며 지금까지 회사를 발전적으로 이끌어 온 것이다.

　그는 회사의 이름인 'PANASIA'의 철자 하나하나에 어떤 의미가 깃들어있는지 설명했다. PPassion-열정는 주인의식을 가지고 적극적으로 미래에 대한 도전을 준비하며 밝은 미래를 향해 나아가는 인재라는 뜻이고, AAttractive-매력는 독특한 자신의 개성을 표출하며 이를 통해 타인에게 행복하고 긍정적인 에너지를 줄 수 있는 인재를 뜻한다. NNoble-고귀은 자아존중감이 높아 주체적인 삶을 영위하고 목표를 향해 끝까지 당당히 나아갈 수 있는 글로벌 인재를 의미하며, AAbility-능력는 끊임없는 자기 계발을 통해 자신의 분야에서 최고 권위자로 성장하고 연관 분야에서 전문가에 버금가는 수준의 지식과 경험을 갖춘 인재를 뜻한다. SStrong-강력는 목표 달성을 향해 힘차게 나아갈 수 있도록 지치지 않는 건강한 체력과 불굴의 정신력을 겸비한 인재를 말한다. IInfluence-영향력는 최신 트렌드를 선도하는 마켓리더로서 소속된 조직의 변화를 주도하고 이끌어가는 영향력과 실력, 통찰력을 갖춘 인재를 의미하고, 마지막 AAlive-활기는 현실이 아무리 힘들고 어려워도 실패를 두려워하지 않고 과감하게 도전하는, 긍정적인 마인드를 가진 인재를 말한다.

"파나시아에는 3P 마인드가 있는데, 적극적 사고Positive 프로정신Professional 끈기 및 인내심Patience이 그것입니다."

3P 마인드를 다시 한번 말하자면, 첫째, 열정과 적극적인 사고와 긍정적인 태도를 가져야 한다. 모든 상황이 열악하더라도 현실에 너무 비관하지 말아야 한다. 둘째, 프로정신을 가져야 한다. 셋째, 끈기를 가지고 목표를 향해 노력해야 최고가 될 수 있으므로 인내심을 가져야 한다. 이수태 회장은 이 3P 마인드를 통해 적어도 아시아에서만큼은 최고가 되어

보겠다는 생각에 범아시아의 줄임말인 범아를 따서 '범아정밀'을 만들었다. 그게 '파나시아'의 시작이다.

이수태 회장은 창업 초기의 역경을 딛고 30여 년 만에 중견기업으로 성장하기까지 많은 노력을 기울였다고 했다. 그는 스스로를 자연을 사랑하고 자연을 보존하려는 원대한 꿈을 가진 사람이라고 소개했다. 그러면서 특히 '사선경영'을 주장했다. '선견, 선수, 선제, 선점'을 통해 시장을 먼저 보고 기술을 개발하여 시장을 개척한다는 전략이다. 그리고 기술경영과 독서경영을 30년 이상 지속하고 있다. 세계정세를 파악하고 블루오션을 찾기 위하여 각종 학회, 국제해사기구와 같은 조직의 움직임 혹은 각종 서적을 통한 독서경영을 하면서 시장의 움직임을 파악하려고 노력하고 있다. 또한 인재를 키우기 위하여 투자도 아끼지 않는다. 미래에 대한 비전을 공유하고 독서와 학업을 통하여 사람에게 투자한 결과 지금의 파나시아로 성장할 수 있었다.

이 회장이 400만 원으로 사업을 시작했을 때가 1989년도였는데 파나시아의 작년 매출이 2,800억을 넘었다고 한다. 많을 때는 3,500억을 넘기도 했다. 오늘날의 파나시아를 만들기까지 그 과정이 쉽지만은 않았는데 그 과정을 돌아보며 이야기해주었다.

인재경영

– 꿈이고 비전이며 신념, 하는 일에 목적의식,

　소명 의식을 가지는 것

　이수태 회장은 인재경영의 중요성을 이야기한다. 서울대 경영학 박사인 이지훈 작가는 『혼창통』이라는 책에서 바로 인재경영의 핵심이 '혼'이라고 말한다. 기업의 주인은 사람이고 기업의 경쟁력은 회사의 인재 수준에 있다는 것이다.

　회사를 설립할 때 그는 바보 소리를 많이 들었다고 한다. 고향이 울산이고 직장도 안정적인 곳이었는데, 왜 갑자기 그만두고 조그만 중소기업에 가냐면서 아내 빼고는 다 이해를 못 했다고 한다. 그때 그는 경주 불국사에서 우연히 눈에 띄는 글귀를 발견했다. '대의대성大意大成'으로, '큰 뜻을 품으면 크게 성공한다'라는 뜻이다. 이후 그는 부산에서 친구와 술을 마시며 "내, 부산에서 성공해서 상공회의소에서 회장까지 꼭 할 거야."라고 스스로 품은 뜻을 말했다고도 한다.

　그는 기업가 정신의 요체는 '창조 정신'이라며, 세상에 없는 기술을 개발해 세상을 이롭게 하며 자신뿐만 아니라 직원들도 먹여 살리겠다는 생각으로 창업정신을 삼았다고 했다.

　또한 그는 손자병법의 "도천지장법道天地將法"에 대해 설명했다. 과거부터 지금까지 역사적으로 무역전쟁, 경제 전쟁은 끊긴 적이 없었고 주요 기술은 모두 그런 전쟁을 통해 개발됐으며 전쟁에서 승리하기 위해서는 유능한 인재가 필요했다.

'도'는 하나의 비전이다. 국가를 경영하든 기업을 경영하든 구성원을 하나로 모을 비전, 즉 도가 필요하다. '천'은 타이밍을 잘 맞춰야 한다는 뜻이다. 전쟁에서 타이밍이 맞지 않으면 어떤 공격도 소용이 없다. 예를 들어 우크라이나와 러시아의 전쟁에서도 해빙기에 탱크를 몰고 갔다가 땅이 모두 뻘로 변해 공격할 수 없었던 일이 있었다. 적절한 타이밍이 중요하다는 말이다. '지'는 지형지물을 잘 활용해야 한다는 것이다. 기업은 스스로의 강점과 약점을 잘 파악하고 무엇을 보완해야 할지, 어떤 지형지물을 활용할지 자기 상황에 맞게 제대로 분석해야 한다. '장'은 유능한 장수가 있어야 전쟁을 승리로 이끌 수 있다는 얘기이다. 그리고 마지막으로 '법'은 법과 제도를 통한 평가 보상을 공정화해야 한다는 것이다. 정리하면 '도를 세우고 천시를 알고, 형세를 파악하며, 좋은 장수를 앞세워, 군이 잘 따르도록 한다.'는 뜻.

현대중공업에 있다가 1989년에 범아정밀 엔지니어링을 창업해서 공장을 경영할 때에는 주변 환경이 많이 낙후되어 있었다. 그는 2년간 중소기업 생활을 하면서 설계, 경영, 재무, 회계, 영업 등을 경험했고, 이를 통해 경영자로서의 자질을 길렀다. 이와 더불어 사람들을 감동시킬 만한 이야기를 찾다 보니 책을 통해서 여러 교훈적인 이야기를 찾을 수 있었다. 그래서 독서경영을 통해 많은 직원들과 그 과정을 끊임없이 공유하고 있다. 독서경영을 통해 직원들이 스스로 자존감을 불어 넣도록 유도하고, 모든 직원이 서로 공감대를 형성하며 책에서 배운 내용을 업무에 적용할 수 있도록 끊임없이 노력하는 것이다. 자신이 소작농의 아들로 가난한 환경에서 자랐기 때문에 열심히 하면 잘 살 수 있다는 의식을 심어주고 싶었던 것이 계기라고 한다.

"배를 짓기 전에 큰 대양을 보여 주어라."라는 말처럼 일을 왜 해야 하는지 그 이유를 먼저 알려주어야 자기 나름의 창의적인 방법과 기술을 터득할 수 있게 된다.

이수태 회장은 '일본전산'의 시게노부 회장의 이야기를 덧붙이면서 강조했다. "될 때까지 한다"라는 시게노부 회장의 이야기는 자신의 기업정신과 상통하는 면이 있다고 한다. 바로 인재의 육성이다. 충성심이 강한 인재는 더 오래 근무하고 로열티가 더 높기 때문에 중소기업의 눈높이에 맞는 인재를 육성해야 한다. 그렇기에 끊임없는 교육이 필요하다. 파나시아는 부산대와 설비융합과 대학원을 개설해서 인재를 배출하고 있다. 인재를 육성하는 것이 기업의 미래고 자산이라

믿기 때문이다. 위기는 기회의 또 다른 모습이다. 경영학자인 피터 드러커Peter Ferdinand Drucker는 기업 경영의 중심에 고객을 두고, 근로자를 비용이 아닌 자산으로 인식시키려 했다. 바로 사람을 인적 자원으로 본 것이다. 기업의 중심에 사람을 두고 시장의 중심에 사람을 두면 자연스럽게 수익이 생긴다. 획기적이고 창의적인 생각을 해서 좋은 기술, 좋은 품질, 성능 좋은 제품을 만드는 것이 가치 경영의 핵심이다.

대부분의 사람들은 회사에서 돈 들여서 교육하고 대학 보내주고 해외 연수까지 시켰는데 다른 회사로 가면 헛장사가 될 뿐이라고 한다. 그러나 그는 이 지점이 기업가 정신의 '도道'이며 바로 ESG경영의 핵심이라고 강조한다. 기업의 주된 목적은 돈을 많이 버는 것일 수 있다. 하지만 세상에 태어나 이름 석 자 걸고 정말 보람된 일을 해보고 싶었기에 인재가 어디로 가든 연연하지 않기로 했다. 결국은 대한민국 어딘가에서 일할 거 아니냐고 마음먹고 그걸로 만족하기로 한 것이다. 그후 오히려 직원들이 다른 곳으로 가지 않고 파나시아의 인재로 남았다고 한다.

"직원들도 의리가 있지 않겠습니까. 자기를 이렇게 키워준다면 반드시 보답하리라 생각합니다. 자기를 인정해 주는 사람한테는 목숨까지 바칠 수 있는 게 바로 사람입니다. 그건

저도 마찬가지고요. 인정해 준다는 게 얼마나 중요한 것인지 깨달았습니다."

그래서 지금도 파나시아에는 30년씩 근무한 사람이 많다고 한다. 기업의 주인은 사람이고 기업의 경쟁력은 그 회사의 인재 수준이라고 그는 강조한다. 회사의 경영 이념을 들어선지 이수태 회장의 인문학적 사고의 깊이를 알 수 있었다.

기술경영
-의미 있는 것을 만들어 내는 실행,
꿈을 현실로 바꾸는 과정

이수태 회장은 기술경영의 핵심을 '창創'이라고 했다. 일하는 방법을 제대로 발휘할 수 있게 하는 것도 '창'이라며 '일일신우일신日日新又日新'을 이야기했다. "오늘은 어제의 나와 경쟁해야 합니다. 익숙함과의 전쟁, 그것이 바로 '패러다임 시프트'입니다. 늘 그래 왔으니까 그냥 넘어간다면 새로운 창조가 일어날 수가 없습니다."

이를 위한 전체 과정을 다듬는 것이 기술경영이며 불가능하다는 생각이 들 때에도 이를 가능하게 만들기 위해 끊임없이 새로운 도전을 하는 게 바로 기업가 정신이다.

　조지프 슈페터Joseph Schumpeter는 '기존의 패러다임을 뛰어넘을 수 있는 창조적인 파괴, 기술 혁신이 있어야 기업이 성장한다.'고 했다. '서스테이너블 매니지먼트sustainable management', 즉 지속 가능한 경영이라는 선순환 사이클은 좋은 인재를 영입해서 교육하며 사람에 투자하고, 설비와 기술에 투자하고 이윤을 남겨 또 재투자해서 확대 재생산을 하는 바퀴를 계속 돌리는 것이다. 그러나 최근에는 비파괴적인 혁신이 필요하다. 과거에 없었던 제품이나 서비스를 만들어 새로운 블루오션을 창조해야 한다. 그런 혁신을 하기 위해서 필요한 것이 모든 질문에 물음표를 붙이는 것이다. 그것이 바로 '최초의 질문'이다.

이수태 회장은 질문을 던진다. 그렇다면 대표적인 기업가이자 혁신가에는 누가 있을까? 일론 머스크는 '로켓을 재사용하면 어떨까' 하는 최초의 질문을 했다. 그전까지는 나사에서 인공위성을 쏘고 분리되면 안전하게 바다에 떨어뜨리는 게 기술이었다. '야, 이거 재활용할 수 없을까?'라는 최초의 질문을 던짐으로써 지금의 머스크로 성장한 것이다.

이런 혁신은 어떻게 만들어지는가, 이것이 사선경영 중 '선견先見'에 해당된다. 바로 남들보다 먼저 본다는 것이다. 1981년 소프트뱅크를 창업한 손정의 회장은 2016년에 320억 달러를 ARM홀딩스에 투자해서 막대한 수익을 거두었다. 미래를 읽은 것이다. 앞으로 인공지능이 아주 중요한 위치를 차지할 거라는 예측과 함께.

100년 후의 철포를 준비하자는 말은 일본의 3대 영웅인 오다 노부나가의 이야기에서 나온 말인데 이 오다 노부나가도 미래를 읽고 선견하여 세상을 바꾸었다. 이 선견이 바로 파나시아 '사선경영'의 엔진과도 같다. 먼저 보고선견先見, 먼저 개발하고선수先手, 먼저 알려서선제先制, 시장에서 독보적인 위치를 확보하는선점先占 것이 '사선경영'의 핵심이다. '선견'은 세계정세와 산업의 흐름을 먼저 파악하는 시장 및 고객

니즈 분석이다. 이를 위해서는 책을 많이 읽고 관련된 강의를 많이 들어야 한다. 이게 예견 경쟁이다. 미래 시장을 보고 자신의 강점과 연결하기 위해 끊임없이 노력해야 하는 경쟁이다. 다음은 초기 시장경쟁인데 여기서 '선수'는 원천기술을 확보해서 가격 경쟁력과 세계적 품질을 확보하는 것이다. '선제'는 글로벌 마케팅을 강화하여 신뢰성과 인지도를 제고하고 국내외 지적 재산권을 확보해 초기 시장 경쟁에서 살아남고 주류시장을 장악해 나가는 경쟁이다. '선점'은 정상에서의 경쟁으로 안정적인 세계시장 점유율을 확보하여 충성고객을 관리하는 것으로 볼 수 있다. 미래를 예측하는 통찰력과 치밀한 실행력이 중요해진다.

'사선경영'은 '5막 경영'과 매치시킬 수 있다. '5막 경영'은 성균관대 김정구 교수의 마케팅 이론이다. 모든 기술이 개발될 때, 모든 비즈니스 모델이 나오기까지, 이런 5막의 과정을 거치게 된다. 1막 예견 경쟁은 미래 시장을 보며 자신과의 강점을 연결하는 경쟁이고, 2막 뉴파워 준비 경쟁은 예견된 미래에 대한 실행 능력 경쟁이다. 3막 초기 시장 경쟁은 혁신적인 상품으로 시장 조기 진출을 위한 경쟁이고 4막 주류 경쟁은 조기 진출된 상품으로 시장을 장악하는 경쟁이다. 그리고 5막 정상에서의 경쟁은 정상에 섰을 때 다른 시장과 미래에 대한 예측 경쟁이다.

"퇴직하고 무슨 장사를 해야 할지, 10년 뒤에 뭘 팔 수 있을지, 다음 제품으로 무엇을 만들어야 할 지 바라보는 것이 예견 경쟁입니다. 이게 '파나시아'의 '선견'과 연결되어 있습니다. 미래를 보는 거죠. 그리고 보기만 하면 어떻게 됩니까? 준비를 해야죠. 그게 준비 경쟁입니다. 준비를 철저히 해야 합니다."

이수태 회장은 결국 기술 혁신이 필요하지만 혁신만 가지고는 안 된다고 말한다. 양품을 만들기 위해서는 자본을 끌어들이고 여러 가지 조건을 만드는 도전의 과정을 넘어야 한다. 그런데 이 도전의 과정인 데스 벨리^{죽음의 계곡}를 결국 건너지 못해서 폐업을 하거나 전직을 하는 경우도 많다. 그리고 기업이기 때문에 수익이 나와야 선순환이 이어진다. 생산해서 이윤을 창출하고 그 이윤을 통해서 다시 재투자하고, 인력과 기계에 투자해 다시 직원에게 복지를 주고, 복지를 통해서 좋은 인재를 육성한다. 그 인재가 다시 기술 개발을 통해서 회사에 기여하는 사람이 되어 밸류 체인을 돌린다. 이러한 '포지티브 밸류 체인'을 위해서는 네트워킹이 대단히 중요하다. 어떤 일도 혼자 할 수는 없기 때문이다. 온라인에서 전략적 제휴 밖에 있는 우리 중소기업이나 기관들과 협업을 잘해야 하고 또 국가의 R&D 자금을 잘 활용할 수 있는 정보를 가져야 한다.

'5막 경영'에 하나의 단계를 추가한 것이 6막 선두 경쟁, 바로 위기관리 경쟁이다. 정상의 경쟁 다음에도 위기관리 경쟁이 필요한 것이다. 그래서 편안할 때도 위태로울 때의 일을 생각하는 '거안사위居安思危'의 자세가 필요하다.

이야기는 파나시아의 위기로 흘러갔다. 창업 후 최초의 위기가 1997년의 IMF였다. 그때 했던 생각은 사업 포트폴리오 전략을 다각화하여 조선 시장에만 집중하는 것이 아니라 육상 시장까지 포트폴리오를 다각화하자는 것이었다. 그리하여 'SCR De-NOx system육상용 질소산화물 저감장치'를 잡게 되었다. 환경 규제에 주목한 것이다.

기업은 좋은 기업을 넘어 위대한 기업, 위대한 기업을 넘어 착한 기업으로 가야 한다. 위기는 기회의 또 다른 모습이다. 위기가 오면 사람이 겸손해진다. 잘되면 기고만장하다가도 위기가 오니까 뒤돌아보게 되는 것이다. 세상에 없는 원천기술로 인류 사회에 공헌하며, 항상 지원을 챙기고 기술개발 투자를 하는 것이 미래를 위한 비전이다. 이수태 회장이 대기업처럼 돈을 벌겠다고 했으면 지금의 파나시아는 없었을 것이다. 직원을 챙기고 개발 투자를 한 것이 비전이었다. 대의大義를 따른 것이다.

지금의 시대는 2D시대이다. 2D는 'Decarbonization탈

탄소'와 'Digitalization디지털화'를 말한다. 그중에서 'Decarbonization탈 탄소'는 친환경이란 개념을 함축적으로 나타내는 단어이다. 파나시아는 기후 위기 속에서 세계적인 기업으로 성장하려는 꿈을 가지고 있다. 기업가는 꿈을 꾸고 그 꿈을 종업원들에게 확산시키는 사람이다. 이제는 사물인 터넷을 일컷는 IoT시대를 넘어 인공지능기술이 서로 유기적 인 결과를 도출해 내는 AI of Things인 AoT 시대를 맞이하 고 있다. 인구가 감소하고 무인화, 자동화 시대에 대응하기 위하여 기업도 AI 기술을 접목한 기술을 개발하는 데에 초점 을 맞춰야 하는 것이다.

지금은 인구 감소 시대, 지방 소멸 시대다. 이런 저출산 고 령화 사회에서는 'Digitalization디지털화' 기술이 해답이다. 무인화, 자동화, 로봇화… 그래서 이 시대의 또 다른 모습이 인공지능 시대다. 이 같은 흐름에 따라 파나시아도 자동화, 로봇화해서 스마트팩토리 선도기업으로서 견본공장의 역할 을 하고 있다. 또한 생산에서 납품, 사후관리까지 모든 업무 영역에 걸쳐서 AI 기술을 접목하는 것에 초점을 맞추고 있 다. 생산 현장만 스마트화하는 것이 아니라 사무공간에도 RPA, 자동화 설비 로봇을 도입해서 이용하고 있다. 각 부서 별로 늘 하는 정해진 업무는 RPA에 맡겨 진행한다. 사람은 매일 새로운 창의적인 일을 해야 창의적인 기술이 개발될 수 있다.

"결국 기업가 정신은 이렇다고 생각합니다. 과감한 도전을 통해 세상에 없는 새로운 가치를 창출하는 것이죠."

ESG경영
–서로 통하는 것, 상대를 이해하고
인정하며 서로의 차이를 존중하는 것

"ESG경영은 바로 '소통'입니다. 이것은 사회와의 소통이고 소통의 최고 핵심적인 모럴은 바로 이타정신입니다."

'利他自利 自利利他이타자리 자리리타, 나를 이롭게 하면 남이 이로워질 것이고, 남을 이롭게 하면 나를 이롭게 하는 것이다'는 남을 이롭게 하는 정신이다. 자기가 살고 있는 국가와 지역사회에 공헌하고 고객과 종업원들을 대우해 주면 결국 회사가 성장한다. 회사에 충성하고 제품을 더 사주고 재구매율이 올라가고 이런 게 선순환하는 사이클이다. 그래서 지금은 사회에도 공헌하고 협력업체에도 잘해야 한다. 동반 성장이 필요하다. 눈앞에 있는 이익만 챙기다가는 위기가 온다. 공급망이 안정돼야 모기업이 안정되고 공급망의 품질 수준이 모기업의 품질 수준이다. 고객과 임직원은 함께 가야 한다. 착한 소비를 해야 하듯이 착한 생산을 하는 것이 필요하다. 환경 오염 안 시키고 노동 착취 안 하고 정당한 가격을 주면서 같이 손잡고 가야 하는 그런 시대에 살고 있다.

결국 기업의 존재 이유는 이윤 창출이기 때문에 옛날에는 어떤 수단을 쓰든지 이익만 창출하면 좋은 기업이었지만 지금은 세상이 많이 변했다. 아무리 이익을 많이 남기더라도 과정이 좋아야 한다. 그래야 소비자에게 존경받는다. 예전에 화학약품 제조회사 '유니언 카바이드'는 인도에서 폐기물이나 발암 물질을 아주 많이 버렸다. 그래서 화학약품이 누출되는 사고도 발생했다. 그 결과로 결국 인근 주민 20만 명 이상이 피해를 보고 회사가 무너졌다. 또, 어린이나 유아의 노동을 착취해 돈을 번다면 당연히 착한 기업이 될 수는 없다. 지금은 기업이 좋은 일을 해야 한다. 그래야 기업 가치가 올라간다. 우리가 살아가는 시대에는 이런 것들이 사회와 공동체를 위한 경영의 핵심이다. 기업의 경쟁력 강화를 위해서는 반드시 기업의 인식을 개선해야 한다.

우리는 모두 BTS

이수태 회장은 마지막으로 이런 말을 남겼다.

"여러분들 모두 BTS가 되십시오. 여기서 제가 말씀드리는 BTS는 Business Top Star를 의미합니다. 바로 앵커기업 Anchor business, 특정 산업이나 지역에서 주도적인 역할을 하는 기업으로 해당 산업의 발전을 촉진하고, 일자리를 창출하며, 지역 경제를 활성화하는 데 중요한 역할을 함이자 선도기업이 되어야 합니다. 부산에 이런 선도기업이 있다면 1차 밴드, 2차 밴드, 3차 밴드 그리고 주변 상권으로 인해 지역사회가 활성화됩니다. 그 속에서 유능한 인재가 나오고 그런 젊은 인재들이 많이 생겨나게 된다면, 부산이 앞으로 글로벌 허브 도시가 되어 수도권 1극 체제에서 2극 체제로 만들 수 있다고 생각합니다. '인재는 인재를 끌어당기고, 좋은 회사에는 좋은 인재가 옵니다' 이러한 의미로 BTS 기업이 많이 생겨나야 한다고 생각합니다. 여러분들 모두 BTS가 되시고, 우리 파나시아는 세상에 없는 원천기술로 인류 사회에 공헌한다는 원대한 꿈을 실현시키기 위해 열심히 경주하겠습니다."

이수태 회장의 30년 독서경영을 중심으로 한 강의는 인문학 정신을 공유할 수 있는 소중한 시간이었다. 더불어 진정성 있는 기업가 정신이 담긴 그의 목소리가 오래도록 아테네 학당에 소리없는 울림으로 감동의 여운을 남겼다.

부산 신발산업
부활의 리더

슈올즈 이청근 대표이사

새로운 신발산업의
부흥을 기대하면서

부산의 도시화 과정은 역사적으로 조금만 들여다봐도 그 다채로움에 놀랄 수밖에 없을 것이다. 지금도 '조방 앞'이라 불리는 범일동 '조선방직' 공장을 비롯해 부산에는 목재공장, 연탄공장, 바늘공장, 인쇄공장까지 셀 수도 없을 만큼 많은 물건을 만들던 공장들이 있었다. 식료품 제조업만 하더라도 제분, 제면, 과자, 연초, 양조, 청량음료, 제빙, 제염 등으로 다양한 물건들이 만들어졌다. 이외에도 많은 공장이 부산에 있었지만, 내가 어린 시절부터 부산의 공장 중 관심을 가진 건 신발공장이었다. 어머니가 '신발공장'에 아는 사람이 있어서, 외국에 수출하던 신발 중에 불량품을 싸게 구해서 가져다주던 기억이 떠오른다. 서양인의 발 모양에 맞게 볼이 좁게 만들어져서 잘 맞지 않았지만, 그래도 억지로 그 신발만 신고 다녔는데 유명한 메이커를 자랑하고 싶었기 때문이었다.

지형적으로 볼 때, 부산은 해안을 낀 항만 도시로 물건의 수출입이 용이해 공장을 세우기에도 좋은 장소였다. 1921년, '선만고무'라는 회사가 처음 고무신을 만들기 시작했고, 1949년 정도부터는 부산에 등록된 신발공장만 70여 개가 넘을 정도로 신발산업이 호황을 누렸다. 이후 1988년에는 미국 신발 수입의 29%에 해당하는 물량을 공급했으며 1990년대 중반 이후에는 국제적인 신발 제조 지역으로서 본격적으로 '운동화'를 생산했다.

그러나 지금 부산의 신발산업은 거의 사장되다시피 했는데, 최근 신발산업의 부활을 도모하며 여러 기업이 의욕적으로 활동을 펼치고 있는 기사를 접했다. 마침 부산에서 활동하는 신발회사 대표가 직접 이번 '부산아테네포럼 시민아카데미' 강의에 나온다는 이야기에 부랴부랴 보수동 아테네학당을 찾아 나섰다.

강의에 들어가기에 앞서 많은 사람들이 소란스럽게 북적대는 느낌이었다. 알고 보니 '슈올즈'의 대표뿐만 아니라 회사 직원들이 함께 와서 강연 시작 전에 직접 신발을 만져보고 신어볼 수 있도록 전시와 이벤트를 진행하고 있었다. 나는 강의가 곧 시작할 것 같아 신어보지 못했지만, 강의가 끝나면 곧바로 이 신기한 신발을 신어보리라 마음먹었다.

슈올즈란 기업은 일반적으로 소비되는 운동화나 구두를 만드는 곳이 아니라, 근골격계 문제를 개선하기 위해 인체공학적 연구를 바탕으로 한 기능성 신발을 주력으로 만드는 국내 대표 신발기업이다. 2010년 설립 후 현재 14년밖에 안된 기업이지만, 전국적으로 150여 개의 매장을 확보하고 매출도 300억 원대를 기록하고 있다.

강의 시작부터 슈올즈의 2017년 스위스 국제발명전 금상 수상, 2022년 독일 국제발명전 금상 및 특별상 수상 등 그 기술력을 인증받은 수상 내역을 보여주며 신발에 대한 '신뢰'를 청중들에게 심어줬다. 이어 실제 신발을 해체해서 그 기능성도 설명했다. 신발 기능을 상세히 설명한 구조 도면을 바라보며 기능성 신발에 대한 호기심이 생겨났다. 또한 다른 곳도 아닌, 이곳 부산에서 어렵게 신발 기업을 성장시키려 하는 배경이 궁금해졌다.

블루오션은 찾는 게 아니라
만드는 것

슈올즈 이청근 대표는 강연에서 자신이 만든 신발에 대
해 이야기하기 전에 자신의 마케팅 전략을 먼저 이야기했다.
"자기가 선택한 일에 대해서 신념이 있는 사람과 없는 사람

의 차이는 환경이 어려워졌을 때 드러납니다. 환경 탓을 많이 하는 사람이 있는 반면, 거기서 또 다른 돌파구를 찾는 사람이 있죠. 이 차이는 결국 자기가 선택한 일에 대한 믿음이라고 생각해요."

그렇기에 그는 신발 사업 시작 후 지금까지 단 한 번도 자신의 '기능성 신발' 개발이 훌륭한 블루오션 시장이 될 것임을 의심하지 않았다고 한다. 거대한 신발기업들처럼 유행을 타거나 가성비가 좋은 신발을 끊임없이 개발하는 문제로 출발했다면, 그 생명력을 길게 유지할 방법을 찾지 못했을 것이다. 하지만 그는 '기능성 신발', 특히 젊은 층보다는 베이비붐 세대 이후의 장년층, 즉 가장 인구 밀도가 높은 계층을 겨냥해서 앞으로의 건강을 보조해 줄 신발을 만들었다고 한다. 인간이라면 누구나 나이를 먹기에 퇴행성 질환을 벗어날 수 없다는 점에서도 이러한 기능성 신발에 투자하는 것은 블루오션일 수밖에 없다고 생각한 것이다.

그러나 자본주의 시장에는 윤리적으로 경쟁하는 상대만 있는 것이 아니다. 그래서 이청근 대표는 마케팅 전략을 매출로 1등이 아니라 품질로 1등이 되는 데 초점을 맞춰 구상했다. 특허 받은 신발로 해외에서도 그 기능성을 인정받고자 노력한 결과, 미국의 피츠버그 국제발명전시회와 더불어 3대 국제 발명 전시회라 할 수 있는 스위스 제네바 국제 발명전시회2017년 금상 수상와 독일 뉘른베르크 국제발명전시회2022년 금상, 최고특별상 수상에서 아이디어를 세계적으로 인정받았다.

"먼저 2016년 서울국제발명전시회에 나가서 최고상을 받았습니다. 619개 발명품 중에 1등 상을 받은 겁니다." 그는 자랑을 하면서도 한국에서 받은 상은 일부러 자랑도 하지 않았다고 한다. 그처럼 훌륭한 상을 받고도 광고를 하지 않은 이유는 해외에서 받은 상만으로도 충분히 마케팅 효과가 있다고 생각했기 때문이었다. 미국 월가 증권 전문가들의 이력서가 중언부언하지 않고 몇 줄만으로 충분하듯이 이청근 대표도 '마케팅'은 강하고 짧은 메시지로 충분하다고 생각했다.

그는 아무리 뛰어난 신발을 만들더라도 곧 후발 업체들이 더 싸게 만들어 판매하는 '저가' 전략에 추격당할 수 있기에 처음부터 따라 만들 수 없는 신발을 만들자고 마음먹었다. 이러한 마케팅 전략에는 슈올즈의 특허기술에 대한 믿음과 국제발명전시회 수상으로 증명된 뛰어난 기술력의 제품이라면 소비자들이 비싸더라도 구매할 것이라는 자신감이 밑바탕이 되었다.

세계적인 발명전시회에서 두 번이나 금상을 수상한 제품이라는 타이틀을 누가 쉽게 얻을 수 있겠는가? 그래서 그는 이러한 마케팅을 통해 자신이 만든 '기능성 신발'을 다른 비슷한 신발과 차별화하는 데 성공했다. 또, 이런 고급화 전략을 통해 계속해서 소비자에게 믿음을 주는 제품으로 판매가 지속되리라 믿고 있다.

이러한 고급화 전략은 우리가 잘 알고 있는 세계적인 기업들이 활용하는 브랜드 광고 전략이다. 신발에서 유명한 '나이키'나 스마트폰으로 유명한 '애플' 같은 경우, 그들은 광고를 통해 '물건'을 파는 것이 아니라, '신뢰'나 '믿음'의 영역에서 물건을 소비하도록 광고한다. 예를 들어 신발의 품질을 자세히 설명하지 않더라도 그 이름만으로 신뢰가 생기는 것, 그래서 그 제품을 사는 것만으로도 자신을 돋보이게 하는 좋은 제품을 샀다고 믿게 하는 것이다. 슈올즈는 오늘도 미래를 내다보며 세계적인 기업들이 하고 있는 '신뢰' 마케팅을 펼치고 있다.

마케팅뿐만 아니라 사업 운영 자체가
'믿음'의 전략

'믿음'을 소비자에게 파는 그의 전략은 단순히 소비자를 향하는 것만이 아니라, 매장을 운영하는 직원들에게도 똑같이 적용된다. "저는 사업의 최고 목적은 신뢰라고 생각합니다."라며, "홈쇼핑을 하자는 제안이 왔는데도 안 하고, 지역의 유명 백화점에서 입점하라고 할 때도 입점 안 했습니다. 안 한 이유는 5% 디스카운트 때문이었습니다. 저희 회사는 정찰제입니다. 이런 정찰제 아니면 저는 신발 안 팝니다. 오직 가맹점에서만 팝니다. 만일 가맹점에서 가격을 할인해 신뢰가 떨어진다면, 아예 저는 폐업을 시킵니다. 지금 이런 문제 때문에 18개 가맹점이 폐업되었습니다." 처음 이 설명을 들었을 때는 너무 원칙만 강조하는 기계적이고 고집스러운 경영 방식이라는 생각도 들었다. 사업이 안정되고 브랜드가 알려지면 더 확장하는 게 일반적인 경영 방식이라고 생각했기 때문이었다. 하지만 지금의 프랜차이즈 전문점들을 보면 한 동네에 겹쳐서 생기기도 하고, 정류장마다 비슷한 가게가 입점할 정도로 돈만 있으면 무한 경쟁을 하는 곳들이 많다. 자신 혼자만 이윤을 보는 장사가 아니라 모든 가맹점까지 보호하면서 윤리적인 장사를 하려는 믿음, 즉 신뢰의 마케팅이 경영이나 조직화의 방식에도 그대로 녹아 있었다. 소비자의 권익과 가맹점의 권익을 모두 지키기 위해 정찰제 약속을 고집하는 것은 정말 이청근 대표의 말대로, '믿음'과 '신뢰'가 가장 중요하다는 믿음이 뒷받침되기에 가능한 일이 아닐까.

이 믿음의 전략이 어떻게 이토록 일관된 회사 운영방식으로 자리 잡게 되었는지는 이청근 대표의 과거 사연으로부터 비롯된다. 회사가 14년밖에 안 된 것도, 그가 신발 사업을 여

러 번 했기 때문이다. 이 대표는 이전에 우리가 잘 알고 있는 '마사이' 신발을 한국에 정착시킨 인물이기도 하다. 하지만 걷기 편한 신발, 몸이 건강해지는 신발의 대명사였던 마사이 신발 브랜드는 역사의 뒤안길로 사라져야만 했다. 다양한 신발 브랜드가 걷기 편한 건강 신발임을 내세우며 난립하고 있는 것처럼 마사이 신발도 누구나 '복제'하기 쉬운 신발이었고, 어떤 것이 원조인지조차 알 수 없는 신발로 인식되었기 때문이었다. 마사이 신발이 실패하며 이청근 대표는 크나큰 부도 위기를 겪어야 했다. 매달 수천만 원의 적자가 생기고, 직원이 모두 떠나 2명밖에 남지 않은 현실이 닥쳐오자 그는 "이러다가 사람들이 자살을 하는구나"라고 생각했다고 한다.

그러나 그는 기존의 탄탄했던 사업에 대한 아쉬움을 버리고 재창업을 한다는 생각으로 모든 것을 새롭게 구축하고자 노력했다. 믿음과 신뢰의 힘으로 버텨냈다.

그래서 현재 그는 사업에서 번 돈만큼 많은 돈을 사회에 환원하고자 한다. 계속해서 후원금을 내고 있으며, 2023년 7월에는 우크라이나 청년들로 구성된 댄스팀 '므리야우리말로 '꿈'이란 의미'가 한국에 방문했을 때, "국가가 전쟁 중인 상황임에도 불구하고 여전히 꿈을 잃지 않고 도전하는 청년들의 모습이 아름답다"라며, 신발과 후원금을 전달하기도 했다. 부산에 오기 전 천안에 슈올즈 기업의 본사를 두고 있었던 때인 2020년 8월 천안시복지재단에 어르신들을 위해 8천만 원 상당의 '기능성 신발'을 기부하기도 했다.

그는 앞으로도 의미 있고 보람된 기부나 후원을 하고 싶다고 말하며, '장사꾼'답게 "여러분들이 슈올즈를 많이 신으면 건강에도 좋고, 좋은 기업도 키우는 길"임을 기회가 될 때마다 강조해 웃음을 자아내기도 했다.

건강 기능성 신발에 대한 대단한 자부심과 한 방향으로 나아가는 뚝심을 갖춘 슈올즈 대표의 기업 정신 강연을 들으며, 우리네 인생을 성찰해보게 되었다. 인생이 언제나 넘어지고, 일어서는 과정의 반복일지라도, 다시 일어서서 계속 걸어갈 수 있는 방향성은 자기 자신에 대한 신뢰에서 시작되는 것임을 느낄 수 있는 강연이었다.

슈올즈 신발,
신으면 건강해져요

이날 강연에서 가장 많이 들었던 말은 마치 CM송처럼 들리는 "이 신발을 신으면 무조건 건강해져요"라는 것이었다. "이게 단순한 일반 신발이 아닙니다, 나와 보세요"라며, 시민을 불러, 신발 자기장과 관련된 간단한 인체실험을 하기도 하고, 뇌의 파장에서부터 다리의 혈액순환, 모세혈관에 이르기까지 이 신발이 가진 효과에 대한 이야기를 다양한 방식으로 펼쳐냈다.

슈올즈 신발을 신었을 때 혈액 순환이 더 잘 된다는 연구들을 집약한 프레젠테이션을 공개하며 발바닥, 허리, 무릎, 발 등의 통증에 발과 다리의 부종과 저림, 하지정맥류, 굳은살, 족저근막염 등 우리가 걷고 행동하는 데 문제가 되는 통증과 불편을 개선하는 효과가 있다는 걸 열심히 설명했다. 마치 과학박람회 체험 부스에 방문한 기분이 들 정도로 슈올즈 신발의 기능에 대한 자세한 설명을 들을 수 있었다.

슈올즈 신발의 기능성은 2가지의 큰 과학기술적 특징으

로 파악될 수 있었다. 첫 번째는 자기력이 가진 인력과 척력의 힘을 활용한 메디치오 진동칩이 전력 없이 걷는 것만으로도 미세한 진동을 작동시키는 것이다. 이 진동은 걸을 때마다 발을 통해 신체의 혈액순환에 도움을 준다. 또 다른 하나는 발바닥의 모양을 아치형으로 잡아주는 신발 디자인이다. 직립보행을 하는 인간은 중력의 영향을 발에 제일 많이 받을 수밖에 없다. 슈올즈의 아치형 디자인은 발의 일부에만 집중되는 무게를 발 전체로 분산해 주기에 발의 피로도를 많이 줄일 수 있다는 것이었다.

강연이 끝난 후 한 시민이 "흙길을 맨발로 걷는 것과 이 신발을 신고 걷는 것 중 어느 게 더 건강에 좋은가요?라고 물으니, 이 대표는 슈올즈 신발이 흙보다 더 좋은 자극을 주고, 중력의 무게도 덜어주니 더 낫다는 답변을 내놓았다. 수강생들은 다시 한번 신발 판매에 진심인 모습에 웃음을 터뜨렸다.

이외에도 무릎 통증이나 족저근막염 때문에 고생하는 분들의 고통을 덜 수 있도록 인체공학적 기능성 인솔과 스프링 쿠션을 신발에 탑재했다는 설명과 기능성 신발임에도 취향이나 디자인을 고려할 수 있도록 운동화, 남성용 구두, 여성용 하이힐, 골프화에 이르기까지 각 유형에 맞는 기능을 탑재한 신발을 만들었다는 이야기를 들을 수 있었다. 하이힐을 신었음에도 뒷굽의 스프링 기능으로 운동화를 신은 듯한 편안함을 제공하고, 자기장의 원리를 이용한 진동칩이 걸을 때마다 자극을 줌으로써 혈류 순환을 유도하기에 어떤 신발을 신어도 불편함 대신 건강을 챙길 수 있다고 강조하는 것이다.

슈올즈 신발이 내세우는 건강철학은 "발이 편해야 몸이 편하다"라는 것이다. 발은 우리의 손과 다름없이 정교하게 만들어진 기관이다. 우리의 몸에서 중요한 역할을 담당하는 만큼, 슈올즈는 기능성 신발의 장점을 더 깊이 있게 고민한다. 앞으로도 몸이 불편한 사람들을 위해 더 좋은 기능을 고민하며 계속해서 연구할 것이라고 한다.

치매 걸린 노인들의 보호자나 여성들이 위험에 처했을 때, 위치 추적이 가능한 기능이나 신발로 장애물을 인식할 수 있는 기능, 걷는 압력으로 신발에 장착된 GPS 기계나 리튬배터리에 전력이 충당되도록 하는 기능 등이 이러한 고민에서 나온 결과다. 이런 기능을 장착한 신발은 국내를 넘어 앞으로 전 세계에 수출할 계획이다.

강의에서 우리의 건강을 위한 신발로 슈올즈를 강조했지만, 역시나 기업의 중요성에서 가장 빛나는 부분은 창의적인 아이디어라 생각되었다.

세계적인 브랜드를
꿈꾸며

이청근 대표는 자신은 신발과 관련된 학문이나 직업을 가졌던 사람이 아닌데 지인이 60세가 넘어가면서 퇴행성관절염으로 고생하는 것을 보고 기능성 신발을 구입해서 선물했더니 아주 편하다며 기뻐하는 모습에 감명을 받았다고 했다. 또, 그러한 감정을 느끼게 만드는 신발에 무한한 가능성이 있음을 깨달았다고 했다. 그는 나이가 들어서 신발 사업을 시작했기에 자신의 단점과 장점을 잘 알고 있었다. "저는 사실 능력이 있는 사람이 아닙니다. 신발 사업을 하려고 하다 보니까 계속 새로운 아이디어가 생기고, 계속 새로운 시장을 만들어 가는 거예요. 이것은 목표가 있는 사람하고 목표가 없는 사람의 차이라고 봅니다. 제 목표는 기능성 신발의 세계적 브랜드를 부산에 안착시키는 겁니다." 그는 확신에 찬 자신의 신념을 강조했다.

강연이 끝나고 수강생들이 어떤 질문을 할지 궁금했는데, 정말 다양한 질문들이 쏟아져 나왔다. 어떤 대학의 교수는 열정적인 강연 덕에 이 신발을 안 살 수가 없는 "잘 짜여진 보이스피싱"을 듣는 기분이었다며 멋쩍은 농담을 한 뒤 강의 내용과 사업의 방식이 마케팅 공부에 많은 도움이 되었다고 이야기했다. 어떤 수강생은 슈올즈가 침체에 빠진 부산 신발산업에 새로운 활기를 불어넣고 있는 것 같다며, 끊임없는 기술개발과 다양한 브랜드 마케팅을 통해 성장하고 있는 기업이 부산에 있다는 것이 자랑스럽다는 소감을 이야기하기도 했다. 또 어떤 수강생은 슈올즈 신발 매장을 차리고 싶은데, 어떻게 상담하면 되냐며 묻기도 했다. 이외에도 인력관리에서 회사재정 관리문제까지, 이청근 대표가 가진 경영 노하우와 더불어 실제 창업을 위한 정보를 속속들이 알고 싶어 질문하는 시민들이 많았다.

한편에선 직원들이 가져온 슈올즈 신발을 많은 사람들이 신어보면서 감탄하고 있었다. 신발을 신어보니 배터리 없이 자기력으로만 구동되는 진동 장치가 놀라웠다. 또 충분히 발이 자극되는 느낌을 받았다. 신발의 기능성도 놀랍지만, 강연을 들으면서 모든 직원들이 슈올즈 신발을 신은 채로 적극적으로 마케팅을 하는 모습에 큰 자극을 받았다. 한 삼성 매장에서 핸드폰을 살 때, 직원이 애플폰을 사용하던 모습이 떠올랐다. 물론 개인의 취향은 존중하지만 매장 자체가 하나의 광고 마케팅을 하는 곳이기도 하지 않는가.

그런데 이 조그만 강연에서조차 직원들이 본사의 신발을 신고, 적극적으로 제품 광고를 하는 모습을 보니 인상깊었다. 믿음과 신뢰도 물론 중요하지만, 잘 만들어진 광고나 기획도 중요하다는 생각을 다시 한번 하게 되었다.

이청근 대표가 "신발 하면 많은 브랜드가 떠오르지만, 기능성 신발 하면 떠오르는 글로벌 브랜드는 아직 없다. 신발에 과학을 담고, 통증 없이 노후까지 행복한 삶을 돕는다는 가치를 담아 글로벌 기능성 신발 브랜드로 성장하겠다."라며 자신의 포부를 밝혔다. 다품종 소량화의 물건들이 주류를 이루는 후기 자본주의 시대에 부산에서 이렇게 전략적으로 신발을 만드는 회사가 앞으로 더 내실을 다지고 글로벌시장까지 겨냥하며 성장해나가길 바라는 마음이 커졌다. 이 대표의 힘찬 포부 앞에 많은 갈채가 쏟아졌다. 신발 산업으로 세계를 넘보려 했던 과거 신발 산업의 메카였던 부산이 다시 그 전성기를 향해 발돋음 하는 듯하다. 슈올즈의 기업 정신을 통해 이제는 힘들다고 생각했던 제조업 강국의 부산을 다시 꿈꿔보게 된다.

3부

새로운
미래

세계 최고 바리스타의
열정

모모스커피 전주연 공동 대표

부산에 새겨진
커피 유전자

우리나라 대표 커피 도시는 어딜까? 대다수가 '강릉'을 꼽지만, 커피를 좀 안다는 사람들은 "그건 옛말이고, 요즘은 부산이지!"라는 말을 흔하게 한다. 최근 몇 년 사이 부산에 부는 커피 바람은 미풍이 아니다. 미국 시애틀, 오스트리아 빈, 호주 멜버른, 그리고 이탈리아 로마 등과 함께 커피를 앞세우는 도시로 거듭나기에 충분해 보인다.

우선 해안선을 따라 풍광 좋은 곳에 자리 잡은 멋진 카페

들이 관광객들의 발길을 붙든다. 특히 수리조선소의 메카인 영도 일대는 규모로 압도하는 대형 카페부터 개성 넘치는 작은 공간들, 독특한 커피 맛을 자랑하는 카페들로 인해 핫플레이스가 됐다. 커피 산업의 물류 인프라는 어떤가? 커피 원두의 90%가 부산항을 통해 수입되고 있다.

역사적인 관점에서도 '커피도시 부산'은 명분이 있다. 흔히 우리나라에서 처음 커피를 마신 인물로 고종을 들지만, 부산에는 그보다 10년 전에 커피를 마신 인물이 있다. 부산항 감리서 서기관인 민건호는 1884년 7월, "오후에 보슬비가 왔다. 해관에 나갔다··· 갑비차, 일본 우유, 흰 설탕 큰 종지로 하나와 궐련 1개를 대접받았다."라는 일기를 남겼다. 갑비차는 커피를 가리키는 한자어이다.

무엇보다 커피 업계의 스타 바리스타들이 부산에 대거 포진해 있다. 한 명의 월드 바리스타를 보유하기도 쉽지 않은데, 무려 3명의 월드 바리스타가 활발히 활동하고 있다. 모모스커피의 전주연, 추경하, 먼스커피의 문헌관이 그 주인공이다. 이쯤 되니 부산엔 커피 유전자가 새겨져 있다는 얘기까지 나온다. 스타 마케팅의 효과는 BTS를 통해 전 국민이 알고 있다. 사람이야말로 도시 브랜드의 핵심 요소일지도 모른다.

부산테크노파크 김형균 원장과 호밀밭 장현정 대표의 간단한 소개에 이어 검은색 반소매 티셔츠, 청바지 차림의 전주연 대표가 등장했다. 찬바람이 불기 시작한 가을날이지만, 열정은 두꺼운 옷을 허락하지 않았다. 그 모습을 보고 애플의 창업자 스티브 잡스를 떠올렸다면 지나친 연상이었을까? 작은 체구에서 뿜어 나오는 에너지는 스티브 잡스 못지않았다.

　'나는 기업이자 혁신이다'라는 주제가 부담스럽다며 겸손한 자세로 강연의 포문을 연 전주연 대표는 4평 식당 창고에

서 600평 로컬브랜드 '모모스커피'를 키우기까지의 이야기를 들려주겠다며 스크린에 사진 한 장을 띄웠다. 2010년 모모스커피에서 진행했던 옥외광고 전광판. 그 사진에는 '모모스커피, 커피도시 부산을 만들겠습니다'라는 카피가 쓰여 있었다. 전주연 대표는 13년이 지난 오늘, 커피도시 부산에 대해 이야기하고 있는 자신을 생각하니, 그동안 커피만 보고 달려온 세월과 노력이 새삼 고맙고 뿌듯하다는 소감을 전했다.

그렇다. '커피도시 부산을 만들겠습니다'라는 다짐은 십수 년이 지나 현실이 되었다. 꿈은 이루어진다. 함께 꿈을 꾸고 도전을 멈추지 않으면, 어느새 그 땀과 노력은 달콤하고 진한 결실로 보답한다. 한 그루 커피나무가 뜨거운 햇볕과 모진 바람을 맞은 뒤에야 향긋한 커피콩을 내어놓듯이.

가치소비의 시대,
스페셜티 커피를 외치다

전주연 대표는 틈날 때마다 인터뷰나 강연에서 '스페셜티 커피'의 개념을 전파해 왔다. '스페셜티 커피'의 본질과 배경에 대해 이해해야 커피 문화를 보다 주도적으로 즐기며 가치소비를 할 수 있다는 것. 더불어 커피로 이어진 모든 주체들이 동반 성장할 수 있다는 점을 강조했다.

그렇다면 과연 스페셜티 커피는 무엇인가?

전주연 대표는 커피 산업에 있어 크게 세 번의 변화가 있었다고 설명했다. 커피는 6세기 에티오피아에서 발견된 이래 오랜 시간 이슬람권 문화에만 머물렀다. 커피가 전 세계로 퍼진 계기는 인스턴트 커피의 발명이었다. 커피를 추출해 동결건조하고, 이를 진공 포장하는 기술의 발명은 소비자에게 언제 어디서든 쉽게 커피를 마실 수 있는 환경을 제공했다. 이 시기 1차 세계대전이 터졌고, 생사가 오가는 전쟁터에서 군인들에게 카페인 섭취는 절대적으로 필요했다. 커피 제조업체는 밀려드는 수요를 감당하기 위해 지속적으로 생산 기술을 개선해야 했다. 카페인 섭취를 위한 인스턴트 커피의 발명. 이것이 '제1의 물결'이다.

두 번째 큰 변화는 1960년대부터 1990년대까지 30여 년에 걸쳐 일어났다. 값싸고 저급한 커피에 싫증을 느낀 소비자들이 새로운 음료에 눈을 돌리던 때에 스타벅스를 필두로 한 프랜차이즈 커피들이 등장했다. 소비자들은 이제 에스프레소를 뽑아 바로 제조해 주는 커피를 카페라는 공간에서 소비할 수 있게 되었다. 프랜차이즈를 중심으로 한 공간 소비가 '제2의 물결'이다.

커피 산업에서 '제3의 물결'은 '스페셜티 커피'의 등장이다. 원래 '스페셜티 커피'라는 용어는 '특정한 기후 조건에서 자라 특별한 풍미를 지닌 고품질 커피'를 의미했다. 이후 미국 스페셜티 커피협회가 설립되고, 커피 품질을 객관화시키는 작업이 진행되면서 '100점 만점 중 80점 이상인 커피, 혹은 생두 350g에 결점두는 5개 미만이고, 생산지의 독특한 풍미를 지니면서 생산이력 추적이 가능한 커피' 등을 포괄하는 용어로 사용되고 있는데, 그 바탕에는 가치 소비라는 인식이 깔려 있다.

매년 한국의 트렌드를 분석해 예측하는 '트렌드 코리아'에서는 2018년 소비 키워드 중 하나로 '미닝 아웃'을 꼽았다. '미닝 아웃'은 '미닝meaning'과 '커밍아웃coming out'의 합성어로, 자신의 가치와 생각, 마인드를 반영한 소비를 뜻한다. 최근에는 MZ세대 소비형태의 특징으로 규정하기도 한다. 자신의 신념과 가치관에 따라 불매운동을 하기도 하고, 기업이나 식당을 응원하기 위해 '돈쭐'을 내기도 한다. '스페셜티 커피'의 소비는 바로 미닝 아웃 트렌드와 맞닿아 있다.

한 잔의 커피에 가치가 반영되면서 소비자들은 커피가 생산되는 과정을 궁금해하기 시작했다. 내가 마시는 이 커피는 누가 만들었는지, 어느 곳에서 왔는지, 그 생산자가 실제로 수익을 얻고 있는지, 어떤 회사에서 어떤 생각으로 만들었는지 따지게 된 것이다. 여기에서 친환경, 유기농, 공정무역 같은 개념이 탄생했다.

커피나무는 굉장히 예민해서 햇볕이 너무 강하거나 습하면 죽어버린다. 커피나무 한 그루를 잘 키우기 위해서는 그 옆에 그늘을 만들어주는 큰 나무도 같이 심어야 한다. 어떤 비료를 뿌리느냐에 따라 향미가 달라지고 토양의 상태도 달라진다. 유럽에서 커피를 구매할 때는 새에 대한 얘기를 굉장히 많이 한단다. 커피 농장 인근에 얼마나 다양한 새들이 살고 있는지에 따라 커피 향과 풍미를 짐작할 수 있다는 설명에 커피 산업이 얼마나 정교한 과정을 거쳐야 하는지 이해할 수 있었다.

전주연 대표는 자신이 바리스타인 동시에 '그린빈바이어'라고 소개했다. 커피 산지를 직접 방문해 커피를 맛본 뒤 가격을 제안하기 때문에 '다이렉트 트레이딩'이라고도 했다. 그린빈바이어는 농부들에게 최대한 이익이 갈 수 있게 정당한 가격으로 구매하기 때문에 높은 가격만큼 소비자에게 높은 가치의 커피를 제공하기 위해 고민한다고 했다.

커피 농사에서 수입, 제조까지 이어지는 일련의 과정에 수많은 사람이 연결되어 있다. 전주연 대표는 농부, 수입업자, 로스터, 바리스타, 그리고 소비자 등 각 주체가 함께 성장하고 발전하는 것이 '스페셜티 커피'의 본질이라고 강조했다. 아테네학당에서 제공한 한 잔의 커피를 유심히 들여다봤다.

내가 소비하는 커피로 좀 더 나은 세상을 만드는 데 동참할 수 있다고 생각하니 커피가 달리 보였다. 커피를 천천히 음미했다. 쌉싸름하고 진한 향기 속에 농부의 숨결이 느껴지는 듯했다.

6전 7기, 10년 만에
월드 바리스타 챔피언에 등극하다

2019년 4월. 미국 보스턴에서 울려 퍼진 환호성이 각종 매체를 타고 한국에 전해졌다. 세계에서 가장 권위 있는 바리스타 대회에서 한국인 최초, 여성으로는 두 번째로 대상을 수상했다는 희소식이었다. 그 주인공은 바로 모모스커피의 전주연 대표. 대다수 우승자가 유럽과 미국 위주의 남성이라는 점에서 자그마한 체구의 아시아 여성 커피인은 단연 눈에 띄었다. 전주연 대표는 한국 여성 바리스타의 활약을 응원하며 도전기를 펼쳤다.

월드 바리스타 챔피언이라고 하면 어렸을 때부터 꿈이 바리스타이거나 커피 애호가였다고 생각하기 쉽지만, 놀랍게도 전주연 대표의 꿈은 유치원 선생님이었다. 아이를 너무 좋아해서 아이들과 함께하는 직업을 택하고 싶었지만, 현실적으로 그 직업이 삶을 풍요롭게 할 수 없다고 판단했다. 사회복지를 전공해서 그 분야로 진로를 모색했지만, 역시 자신에게 맞지 않는 옷이라는 걸 깨달았다. 길이 아니라는 확신이 들었기에 포기는 빨랐다. 그리고 스스로를 돌아보며 깊은 고민에 빠졌다. 자신은 새로운 경험을 통해 끊임없이 도전해 발전시켜 나갈 때 희열을 느끼는 부류의 사람이라는 걸 깨달았다. 사람들과의 관계 속에서 에너지를 얻고, 몸을 쓰는 활동적인 일을 통해 자아를 실현해 나가고 싶었다.

새로운 길을 모색하던 2007년, 모모스커피에서 주말 아르바이트를 시작했다. 서로 응원하고 격려하는 분위기에서 즐겁게 일했다. 특히 당시 모모스커피의 이현기 대표는 직원들의 역량 강화를 위해서 투자를 아끼지 않는 리더였다. 이들과 함께라면 더 나은 미래를 일굴 수 있을 것 같았다. 2008년 말, 모모스커피에 정식으로 입사했다.

카페 운영을 하면서 다양한 사업을 맡았다. 2013년에는 온라인 사업부를 만들어 쇼핑몰을 운영하기도 했고, 서류 작업 등 여러 업무를 병행하면서 틈틈이 와플과 파니니를 굽고, 커피를 내렸다.

커피가 좋아서 시작한 일은 아니었지만, 점점 커피 향에 젖어들었다. '커피 회사에서 일하니 커피를 잘 만들어야겠고, 이왕 할 거라면 제일 잘하고 싶다. 한국에 갇힐 필요가 있나? 세계에서 내가 제일 잘하면 안 돼?'라고 생각했다. 당돌한 포부였다. 확신과 열정 없이는 불가능한 생각이었다.

월드 바리스타 챔피언이 되기 10년 전, 처음으로 바리스타라는 직업을 택하겠다고 했을 때 누구도 그를 지지하지 않았다. 교수는 사회복지사 자격증을 따지 않았다고 혼냈고, 부모는 입만 열면 "힘든데 그만두라"며 종용했다. 하루 종일 종종

거리며 일하고 나면 체력이 고갈되는데 부모의 압박까지. 견디기 힘든 날들이었다. 바리스타가 되겠다는 결심을 굳히자 거칠 것이 없었다. 독립을 선언하고 집을 나왔다. 그리고 2년 동안 부모를 딱 4번 만났다. 친구와의 만남도 일체 단절했고, 심지어 TV 한번 켜 본 적이 없었다고 한다. 21살. 한창 놀고 즐길 시기지만, 소소한 즐거움을 포기한 대가는 적지 않았다.

월드 바리스타 챔피언 도전은 우연처럼 다가온 필연이었다. 2009년 월드 바리스타 챔피언십 동영상이 계기였다. 당시만 해도 바리스타가 크게 각광받는 직업은 아니었다. 나름의 가치를 담아 정성껏 커피를 내놓았지만, 그 가치를 알아봐 주는 사람도 별로 없었다. 외롭고 힘든 길이라는 생각이 들던 즈음, 그 동영상을 본 것이다. 영상에는 수천 명이 바리스타를 향해 환호하며 응원을 보내고 있었다. 뜨거운 환호의 장면이 가슴에 와서 박혔다. 지금은 4평 테이크아웃 커피숍에서 커피를 내리고 있지만, 언젠가는 수많은 사람들의 응원을 받는 바리스타가 되겠다고 다짐했다. 그리고 말했다. "제가 한 번 그 대회에 나가보겠습니다."

이때부터 6전 7기의 인간 승리 스토리가 펼쳐졌다. 2010년에 첫 대회에서 본선에 진출하는 32명 안에 들었지만 결국 떨어졌다. 다음 해 또 도전했지만 본선 진출에 실패했다. 세 번째 도전은 망설여졌다. 대부분 선수가 세 번째 대회에서 성공을 거둔 점이 다음 도전을 주저하게 했다. 2012년 한 해를 쉬며 절치부심했고, 2013년에 다시 도전했다. 결과는 최종 6명 안에 들어갔고, 2등을 했다. 나쁘지 않은 결과였지만 만족할 순 없었다. 가능성을 발견했으니 여기서 멈출 수는 없었다.

2014년 또 한 번의 도전을 위해 12,000km 떨어진 엘살바도르로 날아갔다. 2013년 우승자를 지도한 코치를 직접 찾아갔다. 언어 따윈 걱정하지 않았다. 몸으로 부딪치면 될 거라 생각했다. 그렇게 최고 지도자에게 코칭을 받은 뒤 한국 대회에 출전했다. 결과는 3등. 역시 꿈의 무대에 서는 건 쉽지 않았다. 여기서 그만둘 것인가? 그럴 순 없었다. 이때부터 우승하지 못한 이유를 찾기 시작했다. 심사위원이 된다면 나의 부족한 점을 발견할 수 있지 않을까? 그렇다면 장기적으로 목표를 잡아야 한다. 심사위원이 되면 다음 해 경기 출전이 금지되어 있어 총 3년의 시간이 걸리기 때문이다.

심사위원으로 대회에 참가하자 대회 진행 과정이 완전히 새롭게 보였다. 심사위원도 선수도 모두 사람이라는 사실을 깨달았다. 주어진 15분 안에 심사위원과 마음이 오가고 감동을 만들어야 한다는 것. 그 부분을 파고들었다. 그렇게 3년을 준비해 드디어 국가대표가 되었고, 2018년 암스테르담 대회에 출전할 기회가 주어졌다. 9년간 수없이 상상한 꿈의 무대에 서자 가슴이 벅차올랐다. 모든 게 완벽했다. 하지만 인생사 새옹지마라고 했던가? 황당하게도 어이없는 실수를 하고야 말았다. 결과는 14등.

모든 것을 쏟아부었기에 후회는 없었다. 수많은 사람들이 나를 둘러싸고 환호하며 응원하는 순간을 현실로 맞이했으니 꿈은 이루어진 셈이다. 그리고 다음 해 다시 한번 도전하게 된다. 목표를 이루었으니 가벼운 마음으로 즐겨보자는 심사였다. 세계적으로 기억되는 바리스타로 남고 싶다는 욕심도 있었다.

역시 경험은 무시 못 할 자산이었다. 심사위원으로도 선수로도 무대를 경험했기에 구체적인 그림을 그릴 수 있었다. 덩치 큰 외국인 심사위원들에게 나의 퍼포먼스를 인상적으로 각인하기 위해서 어떻게 해야 할까? 그들을 앉히기로 했다. 가까이 다가가서 눈높이를 맞추고 말을 건네기도 했다. 선수와 심사위원이라는 사이라는 벽을 없애고, 단골손님에게 대하듯 편안하게 다가갔다. 사람과 사람 사이 케미를 만들어낸 전략은 주효했다. 전주연이라는 사람에게 따라붙은, 최고의 수식어 '월드 바리스타 챔피언'이라는 타이틀을 획득하는 순간이었다.

이후 전주연 대표는 그야말로 일약 스타가 됐다. 모든 매체가 주목했다. 서울과 부산을 오가며 하루 서너 개 인터뷰를 소화했다. 기회가 될 때마다 스페셜티 커피의 본질에 대해 얘기했다. 커피 생산국과 소비국의 불균형을 해결하고, 그 가치를 제대로 알리는 게 원래 하고 싶었던 일이었기 때문이다. 그렇게 정신없이 한 달을 보낸 후 미련 없이 호주로 떠났다. 소비국에 생산국의 얘기를 들려주기 위한 다음 목표를 향해서.

혹자는 성공하는 사람의 특징을 4가지 쌍기역인 '꿈, 끼, 꾀, 깡'을 꼽는다. 전주연 대표야말로 꿈, 끼재능, 꾀지혜, 깡시련을 이겨내는 힘으로 똘똘 뭉친 커피계의 작은 거인이다.

모모스커피,
영도에서 부산하다!

부산커피의 대명사 모모스. 그 뜻이 새삼 궁금했는데, 때마침 전주연 대표가 설명해 주었다. '모모스'는 실용적이고 윤리적인 가치를 중시하는 층을 가리키는 말로, 가치지향적인 소비를 하는 20~30대를 일컫는다. 가치소비 시대, 스페셜티커피를 대하는 모모스의 철학을 담은 것이다.

수리를 기다리는 배들이 정박되어 있는 진짜 부산 풍광을 안은 '모모스커피 영도'에서는 수입된 커피 원두가 커피

한 잔으로 탄생하는 과정을 경험할 수 있다. 원두 포대가 쌓여있는 커피 창고와 로스팅, 패키징 과정까지 모두 통유리창 너머로 볼 수 있다. QR코드를 활용하면, 한 잔의 커피가 우리에게 오기까지 과정을 음성으로 들을 수 있다.

모모스커피가 영도에 자리를 잡은 뒤 1년 동안 가장 열심히 연구한 분야는 '문화예술'이었다. 일상에서 문화예술을 즐기며 내면을 풍요롭게 하는 사람들이 품격 있는 도시를 만든다는 철학을 갖고 있기 때문이다. 전주연 대표는 영국 유학 시절, 3살짜리 아이가 대영박물관에서 모네 그림을 감상하는 모습을 보고 충격을 받았다고 한다. 예술적 감수성은 하루아침에 생기지 않는다. 문화예술의 토양에서 공기처럼 자연스럽게 스며드는 것이다. 전주연 대표는 '모모스커피 영도'를 그런 공간으로 만들고 싶었다. 매일 소비하는 한 잔의 커피에 문화예술을 녹여내고 싶었다.

마음먹으면 곧바로 실천에 옮기는 행동가는 다양한 문화예술 프로그램을 공격적으로 시도했다. 쓸모가 다한 재료들을 사용하여 새로운 형태의 가구를 만드는 연진영 작가와의 협업이었다. 생두 마대 수십 개를 활용해 <torn sack>찢어진 마대을 제작했다. 마대에는 커피 원산지, 품종 등 스페셜티 커피의 출발점에 대한 정보가 담겨 있다. 제 역할을 다한 수십 개의 커피 마대를 모아, 해체하고 재조합하는 과정을 통해 커피의 여정을 새롭게 엮어 냈고, 이를 빈백과 너른 테이블의 형태로 재탄생시켰다. '모모스커피 영도'에서 흘러나오는 음악은 남산 스튜디오에서 제작했다. 음악은 매달 달라진다. 계절별로 바뀌는 영도 앞바다를 생각하며 그 감상을 음악에 녹여냈다.

'부산하다 프로젝트'의 일환으로 제작한 커피 패키지에는 부산 1세대 서양화가 김종식 화백의 작품 <귀환동포>를 활용했다. 일제강점기 때 한반도를 떠났던 동포들이 광복 이후 부산으로 돌아와 터를 잡는 풍경을 담은 작품이다. 귀환동포와 피란민을 껴안았던 환대의 부산을 표현한 '부산 블렌드'에 딱 맞는 작품이었다.

그 외에도 부산에서 활동하는 청년 작가와 협업을 통해 시즈널 블렌드를 선보이는가 하면, 부산의 초콜릿 브랜드 '포스트맨 초콜릿'과 협업을 통해 초콜릿 음료와 디저트를 론칭하고, 도시 양봉을 통해 꿀벌을 보호하는 로컬 크리에이터 비컴프렌즈와도 협업했다. 모모스의 '부산하다 프로젝트'는 입소문을 타고 세계 커피 애호가들의 취향을 사로잡고 있다.

초고령화 도시 부산, 인구 감소 최악이라는 뉴스가 연일 이어진다. 수도권은 블랙홀처럼 청년들을 빨아들이고 있다. 과연 젊은이들이 부산이 싫어서 떠나는가? 그렇지 않다. 최근 국회미래연구원의 조사에 따르면, 부산 청년의 주관적 만족감이 가장 높은 것으로 나타났다. 그럼에도 서울로 떠나는 이유는 '일자리'라고 답했다. 부산 청년들이 자신의 가치를 인정받을 수 있다면 부산에서 터를 잡고 싶어 한다는 뜻이다. 모모스커피는 청년들에게 다양한 문화예술의 장을 마련해 줌으로써 청년들이 부산에서 비상할 수 있는 기회를 주고자 한다. 더불어 부산에서 활동하는 청년들이 많아지면, 부

산 커피 산업의 파이가 커진다. 로컬 브랜드 모모스커피 역시 그들과 함께 동반 성장한다.

로컬과 문화를
한 잔의 커피에 담아

한 시간으로 예정된 강연은 어느덧 시간을 훌쩍 넘겨 30분이나 초과하고 있었다. 누구 하나 중간에 일어나는 사람 없는 강연장의 분위기는 후끈 달아올라 있었다. 이어지는 질의응답 시간. 앞자리에 앉아 시종일관 경청했던 청년이 손을 번쩍 들었다. 영도에 캡슐호텔을 만들겠다는 포부를 밝히며 모모스커피와 협약을 맺고 싶다고 하자 좌중의 분위기가 더욱 뜨거워졌다. 뒷자리에 앉은 신사는 부산과 서울의 커피 차이를 질의했다. 나 역시 궁금한 부분이었다. 혹시 실망스러운 대답이 나오지 않을까 걱정했는데, 전주연 대표의 대답은 명쾌하고 시원했다. "트렌디함에 있어서는 서울이 조금 나을 수도 있지만, 스페셜티 커피에 있어선 부산이 더 우위에 있다고 생각합니다."

4평 테이크아웃 커피점에서 부산 커피를 대표하는 브랜드가 되기까지 오로지 커피 하나만 보고 달려온 흥미진진한 이야기를 담고 시민들은 각자 커피도시 부산의 미래를 그려본 의미 있는 시간이었다.

진입장벽이 낮아 누구나 즐길 수 있는 커피는 문화와 인문학을 녹여낼 수 있는 무궁무진한 소재다. 그 소재를 어떻게 로컬과 연결해 산업화할 수 있었는지, 모모스커피는 그 표본을 보여주고 있다.

전 세계 커피 업계에서 가장 큰 이벤트인 월드 바리스타 챔피언십이 2024년 5월 벡스코에서 열렸다. 전주연 대표가 2019년 타이틀을 딴 바로 그 대회다. 여기서도 세계 유수의 바리스타들이 경연을 펼치고, 그 현장이 각종 매체를 통해 지구촌 곳곳으로 퍼져 나갔다. 커피도시 부산이 미국 시애틀, 오스트리아 빈, 호주 멜버른, 그리고 이탈리아 로마와 어깨를 나란히 할 날이 멀지 않았다.

차세대를 선도할
전력반도체

제엠제코 최윤화 대표이사

'기업가 정신'이란
뜨거운 화두

'부산아테네포럼 시민아카데미' 강의에서 만난 제엠제코의 최윤화 대표는 전력반도체 관련 강의를 위해 대학에서 학생들 앞에 선 경험은 많지만, 대중강연을 할 때에는 더욱 고심하게 된다고 했다. 전문 인력 양성을 위한 기술적인 내용의 노하우를 전수하는 강의와 '기업가 정신'이라는 주제의 깊이는 다를 수밖에 없을 터. 더욱이 전력반도체의 메카 부산을 만들기 위해 첨병에 서 왔던 최윤화 대표에게도 기업가 정신이란 물음은 뜨거운 화두 그 자체였다.

'과연 나에게 기업가 정신에 대해 말할 자격이 있는가?'라는 거대한 물음 앞에서 그는 2007년 제엠제코를 설립할 즈음을 돌이켰다. 그가 숨 가쁘게 통과해 온 세월이 '새로운 미래, 스타트업 기업인에게 듣는 기업가 정신'이라는 테마와 누구보다 어울리는 오늘날의 기업인 최윤화를 만들었을 테다. 그는 어떻게 이 반도체 사업을 시작했는지부터 풀어가겠다고 하였다. 그리고 부산에 자리를 잡게 된 내력에 관하여, 나아가 반도체의 성장 과정을 함께 해온 산증인으로서 반도체의 오늘과 내일에 관한 진단과 전망까지 이어가겠다고 밝혔다.

강의를 열어나가는 최윤화 대표의 달변 속으로 빠져들면서도, 필자는 '너무 기술적이고 전문적인 내용이면 통 재미없을 텐데…' 웅얼거리며 자맥질했다. 아닌 게 아니라 반도체란 어느 신문이나 뉴스의 귀퉁이에서나 접했던, 도무지 일상과 친밀할 수 없는 별세계의 단어처럼만 느껴졌기 때문. 그래서 반도체가 뭐라고? 국어사전을 검색해 보니 '상온에서 전기 전도율이 도체와 절연체의 중간 정도인 물질'이라고 했다. 전도율… 절연체… 외국어보다 어려운 말을 가만히 곱

씹다 보다 쉬운 풀이가 없나 다시 뒤적였다. 그러니 '특별한 조건에서만 전기가 통하는 물질로, 주로 전류를 조절하는 데 사용되는 집적 회로'라는 설명을 만날 수 있었다. 조금 낫지만, 여전히 고개를 갸웃하고만 있던 나는 마침내 이렇게 이해하기로 했다. 반도체라는 것이 빠지면 우리의 일상은 곧장 마비 상태가 되고 만다고, 그러니 작은 가전부터 산업 전반에 반도체는 빠뜨릴 수 없는 핵심이라고… 낮은 이해를 부끄러워하는 내 속을 들여다보기라도 한 것처럼 자세한 건 뒤에 가서 하나하나 설명드리겠다는 최윤화 대표의 모습은 한 기업의 수장이기 전에 반도체산업의 세계로 우리를 인도할 미더운 전도사처럼 보였다.

노인과 바다의 도시에서
첨단 반도체 중심도시로

2007년 설립한 제엠제코가 경기도에서 부산으로 본사와 연구소, 공장을 이전한 것은 지난 2020년이었다. 언젠가부터 우리가 사는 부산을 두고 노인과 바다뿐인 도시라고 하는 말이 나돌았다. 어느 말 만들기 좋아하는 사람이 지었는지 몰라도 아주 괘씸한 말이지 않은가. 사실, 허무맹랑한 말이기만 하면 분개할 까닭도 없으리라. 우스개로 치부하기에 말속에 들어있는 뼈가 묵직하다. 지역 대학교의 사정만 돌아보아도 줄어드는 학령인구에 수도권과의 무한 경쟁에서 밀리는 모양새가 또렷하다. 꼿꼿하게 반박하려는 기세는 진작 수그러들고 삐죽하게 내민 입술은 점점 궁색해진다. 대학의 위기는 곧 관련 산업체와 연구소의 위기로 이어진다. 이를 지원할 지자체 단위의 예산 또한 그 당위가 초라할 수밖에 없는 마당에 최윤화 대표의 판단은 충분히 선도적이었다.

2022년 10월, 부산 신공장 준공 및 이전을 완료한 제엠제코는 부산 동남권 방사선 의과학일반산업단지로 이전해 온 '부산 1호 이전 반도체 기업'이다. 지난해 7월, 동남권 방사선 의과학산업단지가 전력반도체 소부장소재·부품·장비 특화단지로 지정되면서, 제엠제코는 전력반도체 소부장 특화단지 앵커기업으로 선정되기도 하였다. 최윤화 대표의 탁견을 확인할 수 있는 장면이다.

전력반도체 소자 연결을 위한 핵심소재 클립을 개발한 제엠제코는 해당 클립의 대량 양산기술을 확보하여 세계 최초로 미국 TI사Texas Instrument에 공급하기 시작했다. 그렇게 거듭 발돋움하여 기술의 대응성과 품질의 개선을 통해 현재는

세계 10대 전력반도체 회사에 공급하고 있으며, 매출의 90%
이상을 해외로 수출하는 수출 강소기업으로 성장하였다.

새로운 시대를 앞당기는
전력반도체

승승장구하는 제엠제코의 이야기가 계속해서 펼쳐질 거란
청중들의 기대를, 강연자는 살짝 비켜갔다. 그의 달변은 기업
의 위상과 단순한 홍보에 초점이 맞추어지지 않았다. 작정하

고 자랑하려 들면 누구보다 잘할 수 있을 그이겠지만, 그는 문외한인 시민을 위해 미래산업의 열쇳말이 될 반도체란 무엇인지 한참 쏟아내었다. 아울러 반도체산업과 우리 경제의 역학관계, 부산의 내일을 먹여 살릴 계획에 이르기까지 폭넓은 주제에 대해 거침없이 이야기를 이어나갔다. 마이크를 쥔 최윤화 대표에게서 느껴지는 열정에 청중들은 홀린 듯 빠져들었다.

"여러분들은 반도체 하면 무엇이 떠오르시나요? SK하이닉스? 삼성? 반도체가 무엇인지 떠오르기보다 주식의 등락 그래프가 먼저 떠오르시죠?"

좌중에 번져가는 웃음 속으로 그는 어렵고 전문적일 법한 내용을 가볍게 얹어나갔다.

"반도체란, 세 가지 범주가 있습니다. 메모리반도체, 말 그대로 기억할 수 있는 반도체예요."

흔히 컴퓨터에 내장되어 기억을 전담하는 메모리가 이에 해당한다. 그런데 반도체 영역에는 메모리보다 비메모리반도체가 훨씬 다양하다고 한다. 이미 당도한 미래라 불리는 인공지능에도 비메모리반도체가 들어가며, 컴퓨터의 CPU, 휴대폰에도 모두 비메모리반도체가 쓰인다는 것이다. 이 비메모리 범주 안에 전력반도체와 시스템반도체가 들어간다. 시스템반도체는 연산을 수행하는 반도체라고 볼 수 있다. 그렇다면 오늘의 주인공인 전력반도체란 무엇일까? 우리가 인지하지 못하고 있는 와중에도 광범위하게 쓰이고 있는 그것. 최윤화 대표는 전력반도체를 이렇게 설명했다.

"여러분, 휴대폰 충전하지 않습니까? 옛날에 냉장고만 한 휴대폰을 충전할 때는 아주 오래 걸렸죠? 그러다 기술의 발전과 함께 점점 충전하는 속도도 빨라졌죠? 그러다 매우 단시간에 고속 충전까지 가능한 시대가 되었습니다. 그 모든 것에 전력반도체가 들어있습니다."

전력반도체의 개발이 곧 새로운 시대를 앞당긴다는 자부심이 그의 만면을 빛냈다. 놀이에 집중하는 어린아이와 같은 얼굴로 반도체에 대한 이야기는 끝을 모르고 이어졌다.

"전력반도체는 우리 주변에 오래전부터 있어 왔습니다. 트랜지스터라고 아시죠? 라디오 뚜껑을 열어보면 뭐가 꽂혀 있잖아요? 우리 어릴 적에 전파상에 가면 PCB 기판 놓고 납땜질하는 모습을 자주 볼 수 있었습니다. 그게 오늘날 반도체의 기초입니다."

이 바쁜 역할을 수행해 내는 메모리에 공급해 줄 전력을 변환, 처리, 제어하는 반도체가 바로 전력반도체라는 것이다.
각 정보 설비와 기기 등에 필요한 정격 전력을 유지해 주는
장치의 두뇌 역할을 이 전력반도체가 맡는다고 볼 수 있다.
그러나 우리나라의 전력반도체 현실은 인피니언, 미쓰비시,
도시바처럼 이름만 들어도 알 만한 해외의 기업으로부터 거
의 수입에만 의존하고 있다. 상상하기도 싫은 가정이지만, 만
약 특정 국가에서 우리에게 이 전력반도체를 안 주겠다고 하
면 어떻게 될까. 대규모 정전 상태를 면치 못하게 될 것이다.

도로 위의 전기차가, 지하철이, 각종 기간산업이 멈추는 상상조차 할 수 없는 상황… 그것이 바로 전력반도체가 전략 물자로 구분되는 까닭이다. 전력반도체란 곧 전쟁 무기와 같다는 것. 생활의 편의를 제공하는 메모리반도체에 비하면 전력반도체의 존재는 생사와 직결된다는 최윤화 대표의 강연에 청중들은 메모리반도체에 치중된 작금의 우리 산업의 구조를 떠올리는 듯했다. 필자 역시 그의 강의를 계기로 산업 구조의 흐름과 관심의 물꼬가 전력반도체로 향해야 한다고 생각했다. 왜, 여름마다 나오는 전력난 이야기는 날로 심화되면 심화됐지, 뾰족한 해결의 소식은 들어본 적 없지 않은가!

산업의 핵심 부품에서
새로운 먹거리 창출의 키워드까지

최윤화 대표의 이야기는 기존 산업의 핵심 부품으로서의 전력반도체에서 새로운 먹거리 창출의 키워드로서의 전력반도체로 이어졌다. 주지의 사실대로 생태계 위기 타개와 지구 온난화 극복을 위한 탄소중립은 화석연료의 사용 제한을 전제한다. 자동차 하나만 놓고 생각해 보아도 구 산업의 핵심은 엔진이었다. 바퀴 넷 달린 자동차의 가격이 천차만별인 까닭도, 슈퍼카와 경차의 차이를 가늠하는 것도 엔진 때문이었다. 그러나 엔진이 차지하던 중요한 위치를 오늘날엔 전력반도체의 차지가 된다. 전기차로 대변되는 'E-mobility'의 등장, 공상과학영화의 주 소재이던 로봇, 드론 같은 신재생-그린에너지의 핵심 역시 전력반도체다. 짧은 과학 상식을 동원해 이해를 도와보면 배터리로 구동하는 모든 기기들은 직류를 교류로 변환하는 과정이 필수다. 이때 배터리에 들어 있는 직류 전기는 전력반도체를 통해서 변환시켜야 교류가 만들어진다. 전력반도체의 역할은 거기서 그치지 않는다. 발전소에서 만들어진 전기를 도시에 보내는 것도 이 전력반도체의 몫이다. 노인과 바다의 도시 부산이라는 오명을 씻어내기 위해서 이 전력반도체를 중심으로 조성된 클러스터의 활성화는 무엇보다 확실한 돌파구가 될 것이다.

최윤화 대표는 전력반도체를 포함하여 각종 전력변환장치까지 아우르는 전력소자산업협회의 회장직을 맡고 있다. 현재 약 80여 개의 산자부 소속 회사가 포함된 협회도 부산에 중점을 두고 있다고 했다. 그는 산업을 선도하는 부산의 오늘을 말하며, 자기 자랑도 슬쩍 얹었다.

"작년 한 해 제가 큰 상을 많이 받았습니다. 흔히 말해서 3관왕이라 하죠."

중소기업 기술혁신 유공 대통령표창과 대한민국기술대상 산업통상자원부 장관상, 중소기업 R&D 우수성과 중소벤처기업부 장관상을 연이어 수상한 것이다. 그는 이 모든 것이 실은 부산산업의 영광이자, 반도체가 안겨다 준 것으로 공을 돌렸다. 그야말로 첨단산업의 입지전적인 인물 최윤화 대표의 학창 시절은 어땠을까? 모두의 예상을 깨고, 그는 공부에는 도무지 재미를 붙일 수 없었다고 했다. 어느덧 수줍은 소년의 얼굴로 돌아간 그는 공부보단 온통 음악에만 관심이 있었던 시절 이야기를 들려줬다. 그러니 자신이 희망하던 진로인 공무원, 공기업에는 낙방하기만 했단다. 그는 반도체의 '반' 자도 모르는 자신이 일구어낸 성공이 전적으로 운이 따랐던 결과라고 했다. LED를 만드는 일본 회사 광전자 입사를 시작으로 현대전자로 옷을 갈아입고, 거기서 미국 회사인 페어차일드로 다시 한번 적을 옮기게 된다. 그의 인생 역정 속에 녹아들어 있는 기업가 정신을 요약하자면, 강렬하게 하고 싶은 일에 자신을 던질 수 있는 용기가 아닐까. 그의 인생에서 가장 고민이 많았던 시절은 불혹을 앞둔 서른아홉이었다.

첨단산업도 인간적인 비즈니스의
기본부터

"죽으나 사나, 내 사업을 한번 해보고 싶다!"

그렇게 다짐을 할 수 있었던 것은 주재원 생활을 통해 쌓은 견문이 바탕 되었다. 넓은 시야와 경험을 쌓은 그였지만, 그를 아는 가까운 이들은 하나같이 반대했다고 한다. '야, 사업은 아무나 하냐?', '너처럼 술 먹기 좋아하고 사람 좋아하는 자가 어떻게 사업을 해?', '넌 어차피 연구원이니까 쭉 이렇게 지내다 퇴직하고 치킨집이나 차려.' 심지어 그의 어머니는 왜 좋은 직장을 그만두느냐고 울면서 반대했다. 그렇지만, 그는 3천만 원을 가지고 결국 일을 벌였다. 뭐가 씌었는지 몰라도 말이다.

사업 초기, 최윤화 대표는 한 달만 도전해 보기로 했다. 좋은 아이템 하나면 간단할 줄 알았던 사업의 세계는 시련과 인내의 연속이었다고 했다. 그는 자신을 향한 이런 말, 저런 제안들에 하나같이 틀린 말들이 없었다고 돌이켰다. 그럴 때 단점인 줄로만 알았던 점들이 장점으로 승화되기 시작했다. 그렇게 술잔을 기울였던 사람들이 힘이 되었던 것이다. 조건 없이 사람을 대하고 만나온 살아온 내력이 비즈니스의 저력으로 발휘되는 순간이었다. 사람들은 그에게 신뢰를 보냈고, 그 역시 신의를 저버리지 않았다. 품질에 대한 신뢰, 돈에 대한 신뢰, 관계에 대한 신뢰까지. 그의 강의는 첨단의 산업과 인간적인 비즈니스의 기본을 종횡무진 오갔다. 강의가 무르익으면서 절대 좁혀질 수 없을 것만 같은 간극도 자연스럽게 좁혀졌다.

그간 소자 중심으로 기술을 개발했던 전력반도체는 이제 패키징 모듈 개발 및 양산에 주력하고 있다고 했다. 이러한 전력반도체 패키징 모듈의 경쟁력을 갖기 위해서는 패키징 모듈의 기술개발도 중요하지만, 여기에 사용되는 소재들의 국산화와 경쟁력이 관건이라 할 수 있다. 소재의 국산화를 바탕으로 타 선진사의 소재보다 가성비를 갖추게 되면 국내 전력반도체를 제조하는 회사도 자연히 경쟁력을 가질 수 있는 기회가 생기게 된다는 것. 이 같은 흐름에서 제엠제코는 차량용 실리콘카바이드SiC 전력반도체 패키징 사업을 추진하며, 자체 장비를 외부 판매하는 등 포트폴리오를 다각화하는 전략으로 사업영역을 끊임없이 넓혀가고 있다.

꿈을 현실로
바꾸어내다

부산은 최윤화 대표의 꿈을 현실로 바꾸어내는 천혜의 장소가 되었다. 부산은 반도체생산 기업의 입지에 최적의 조건을 가지고 있다고 했다. 반도체의 핵심은 물과 전기다. 부산, 특히 기장 바다는 해수담수화를 통해 공업용수로 활용할 수 있는 데다 가덕 신공항까지 들어서면 운송과 에너지 절감까지 거머쥘 수 있다. 게다가 28개에 달하는 지역의 대학에서 배출되는 인재들과 '지산학연'의 선순환 구조까지. 첨단 기업체의 유치로 인해 도시는 인재의 유출을 막고, 그들의 정주가 곧 부산의 미래와 직결될 것임은 너무도 자명하다. 그렇지만 이 모든 것을 가능하게 하는 것은 이날의 뜨거웠던 아테네학당의 열기처럼 시민 한 사람, 한 사람의 전력반도체에 대한 관심일 것이다.

최윤화 대표는 쏟아지는 청중들의 질문 세례 속에서도 웃음을 잃지 않으며, 강연의 핵심 주제인 기업가 정신을 녹여내는 답을 이어갔다. 오랜 산업 현장의 경험으로 그가 느끼게 된 건 일머리와 공부머리는 확실히 다르더라는 것이었다. 제아무리 국내외 유수의 대학을 졸업한 인재라도 수학 문제

하나는 기가 막히게 풀어낼 줄 알지만, 반도체를 만드는 재주와는 별개이더란다. 그에겐 수도권 대학과 지역 대학, 전공과 비전공 같은 기존의 구획은 중요한 것이 아니었다. 생각해 보면 한 기업의 대표자라는 본인도 문과 출신이 아니고, 이과 공부만 해왔던 사람인지라 경영에 대해서 잘 알지도, 잘 하지도 못했다고 했다. 그런 그가 기업가 정신이 무엇이냐를 논하는 강단에 설 수 있었던 까닭은, 원동력은 대체 무엇일까. 그가 생각하기에 당신 스스로 반도체 분야의 전문가가 되었기 때문이란다. 그는 자신이 가는 길이 어디로 향해 있는지 알기 위해서는 반드시 해당 분야의 전문가가 되어야 한다고 힘주어 말했다. 경영의 고차원적인 이론은 모를지라도 적어도 기본이 무엇인지는 안다고 했다. 그에게 경영의 기본이란, 직접 현장에 투신할 수 있는 전문성이었다. 뒷짐 지고 앉아서 직원들이 잘하기를 바라기만 해서는 안 된다는 것이다.

아직 '성공'이라는 말을 꺼내기엔 갈 길이 많이 남았다며, 최윤화 대표는 가늘게 뜬 눈으로 먼 곳을 바라보았다. 그는 한때 경기도 부천에서 건물을 하나 뚝딱 지어서 일식당을 경영한 적 있었다고 했다. 의외성으로 충만한 그의 삶에 청중들은 경탄을 자아냈다.

"딱 8개월 만에 망했습니다."

하루아침에도 망했다가 새로 문을 여는 집들이 한둘은 아니겠지만, 그것이 이 시대 자영업자들의 숙명이랄 수도 있겠지만 이를 겪고도 분연히 떨쳐 일어나는 사람마저 흔한 것은 아니다. 그는 자신의 실패를 헤적여 교훈을 찾아내었다. 그는 참치 썰 줄 아는 주방장, 직원만 뽑아놓으면 잘 될 줄로만 알았단다. 하지만, 참치의 치읓 자도 모르는 자신으로서는 주방 곳곳, 홀 곳곳의 잘못된 점을 바로잡을 수 없었다. 그때 봤던 손해야 보통 사람의 기준으로는 막심한 것이었지만, 이를 수업료 셈 치자고 생각했다. 그 비싼 수업료를 치르고 얻은 교훈이 바로 전문가가 되어야 한다는 것이었다. 나아가 이 전문가가 되기 위한 힘은 재미에서 나온다는 걸 절절히 깨닫게 된 것이다. 그렇게 최윤화 대표는 자신을 가장 설레게 하는 것이 반도체라는 확신을 하게 된다. 그리고 그는 여전히 반도체가 재미있단다.

"지금도 공부를 해요. 지금도 연구개발을 하는데, 혼자 몰두하는 일이 그렇게 재밌어요. 재미있기 때문에 하는 거거든요."

그 결과는 국내외 등록 특허 150건 보유로 이어졌다. 그는 기술개발과 보호에 투자를 아끼지 않아 현재도 83건이 출원 및 심사 진행 중이라고 했다. 특허 등록과 관련하여 무지한 필자로서는 국내외의 특허 등록에 비용이 드는 것조차 몰랐는데, 억 단위의 비용 얘기에 입이 떡 벌어졌다. 그뿐만이 아니었다. 매년 등록한 해당 특허의 유지비 역시 수억 원이었다. 그렇게 비싼 등록-유지비용을 치르면서까지 특허에 진심인 까닭이 무엇일까?

"전 세계에서 우리가 가장 처음 만든 기술이잖아요."

어떤 분야든 처음을 열어나가는 것이 어렵지, 베끼는 것은 쉽다고 했다. 반도체 분야도 예외가 아니어서 중국이라는 거대한 경쟁자의 침입을 막아내고, 이겨내기 위해서는 지금처럼 중단 없는 혁신이 필수라는 것이다. 물론, 이것이 최윤화 대표 한 개인의 역량만으로 일구어낼 수 있는 성과는 결코 아닐 터. 그는 기술 논의에 있어서는 '계급장을 떼고' 동등한 입장에서 생산적인 토론에 임하는 것을 줄곧 견지해 왔다고 했다. 이를 위해 말단 직원들의 의견부터 귀한 것으로 여기고, 귀 기울일 줄 아는 경영자 마인드를 갖추어야 했다. 아울러 자신 또한 직원들을 설득시킬 수 있는 고민과 연구를 게을리하지 않아야 했다. 그런 그의 면면을 떠올리면 제아무리 높은 값으로 사업체를 팔라는 대기업들의 요구에도 눈 하나 깜짝하지 않는 모습이 선하다. 그에게 돈은 사업의 과정인 것이지, 목표가 아니기 때문이다.

최윤화 대표는 기업가 정신의 고갱이를 '순리대로'라는 말로 표현했다. 기술 혁신처럼 자신이 욕심낼 만한 데에만 혼신의 힘을 다하는 것. '부산 이전 1호 반도체 기업'이라는 수식 역시 소부장 인프라 구축을 비롯한 전력반도체 생태계 조성에 앞장서다 보니 자연스럽게 따라온 것이었다. 그는 훗날 자신의 이름이 어떻게 회자될지 기대가 된다고 했다. 세계 최고까지는 몰라도 부산이 세계 최고 전력반도체 도시로 성장했을 때, 당신 자신과 제엠제코가 초석이 되었다는 평가를 들을 수 있도록 더욱 담금질하겠다는 말로 그는 열정적인 강의를 끝맺음했다.

차별 없는 세상을 향한
도전

브이드림 김민지 대표이사

가까운 말과 먼 말

'부산아테네포럼 시민아카데미BACA'의 10회차 강의 주인
공은 브이드림의 김민지 대표였다. 강연에 앞서 이번 시간
주제어로 나열된 말들을 곱씹어보았다. '업무플랫폼', '혁신
스타트업' 같은 단어들이 언뜻 잡히지 않고 멀게 느껴졌다.
그만큼 청자인 필자가 다변하는 사회에 빠르게 적응하지 못
했다는 반증이리라. 개중 '장애인'이라는 단어만큼은 모를
리 없이 가까운 단어였는데, 그렇다고 말의 멀고 가까움이
곧 내 일상의 거리감과 일치하는 것은 아니라는 생각이 얼

른 들었다. 장애는 나와 상관없는 것이고, 내 인생과 주변에 장애를 가진 이 또한 없었으며, 앞으로도 있을 리 없는 별세계의 일이라는 생각만 가져왔던 것이다. 그러나 일부 선천적 장애인을 제외하면 그들 역시 장애를 입기 전에는 나와 같은 평범한 신체를 가졌었다는 사실이 떠오르자 부끄러움이 밀려들었다.

장애인들의 지하철 시위가 연일 뉴스에 오르내린 것이 엊그제다. 당시만 해도 나는 그들의 시위로 인해 당장 내가 겪을 불편이 없다는 이유로, 타자의 고통에 깊은 관심을 기울인 적이 없거나 있다 해도 미비한 수준이었다. 강연은 브이드림이라는 기업과 그 기업을 이끄는 대표의 기업가 정신에 대해 듣는 자리임과 동시에 우리 주변에 엄존하고 있으나 들여다본 적 없어 보이지 않고 들리지 않았던 장애인에 대한 인식 개선까지 이루어진 시간이었다.

존재하지 않기에 보이지 않는 것이 아니라,
보이지 않는 곳에 있기에 보이지 않는다

얼마 전의 시위를 잠시 돌이켜보았다. 그 시위에는 장애인이기 이전에 대한민국 국민의 한 사람으로서 정당한 자기 권리의 요구가 들어있음을 뒤늦게 인지했다. 하지만, 그들의 목소리를 우리 사회는 어떻게 받아들였던가. 출근길 지각의 이유로 백안시하지는 않았던가. 필자가 기억하는 사회적 분위기는 싸늘했다. 우리 사회에서 장애인에 대한 인식은 왜 아직도 낮은 수준일까. 가까운 일본만 보아도 장애인 기반 시설이 잘 갖추어져 있음은 말할 것도 없고, 장애인 우선이라는 인식이 사회적 약속에 가깝다. 디즈니랜드의 놀이기구를 타기 위해 줄을 설 때도 휠체어나 목발을 짚은 이는 이용의 우선권을 갖게 된다. 장애인이 대중교통을 이용할 때 서비스 제공자의 친절은 물론이고, 함께 이용하는 승객들의 기다림도 당연한 일로 인식된다. 왜 그럴까? 저들 나라에만 장애인의 수가 유독 많아서일까? 아니다. 우리나라 장애인들은 처음부터 아예 외출할 엄두를 내지 못하기에 이런 차이가 생긴다.

김민지 대표는 우리나라 장애인의 규모와 실태에 관한 통계자료를 보여주었다. 2022년 기준, 우리나라 등록 장애인의 수는 265만 2,860명으로, 전체 인구 대비 5%가 훌쩍 넘는다. 거기에 매년 새로 등록되는 장애인의 수만 해도 8~9만 명에 달하며, 장애인으로 등록되지 않은 이들까지 더하면 그 수가 500만에 달할 정도로 어마어마하다는 것을 알 수 있다.

그러나 우리 주변에서 버스나 지하철에서, 관공서나 식당에서 어디 흔하게 장애인을 만날 수는 있는가. 차라리 반려동물과 함께 활보하는 이들을 목격하는 경우가 훨씬 많지 않은가? 가까운 과거만 해도 도로 위를 달리는 저상버스를 볼 수 없었다. 휠체어에 몸을 의탁한 장애인들은 누군가 업어주거나 휠체어를 접지 않는 한 버스를 이용한다는 것은 꿈꿀 수 없는 일이었다. 지하철에도 엘리베이터나 휠체어 리프트가 태부족해 그들의 동선은 언제나 불편을 감수해야 했다. 그러니 장애인이 집 밖으로 나와 활보하는 방법은 자가용을 이용하는 것이 최선이었다. 강연을 들으면서 문득 '다이내믹 코리아'라는 말이 떠올랐다. 사회적 변화의 폭이 매우 큰 이 나라에서 장애인에 대한 인식은 여전히 한참 낮은 수준을 면치 못하고 있는 것 아닐까. 좀체 개선되지 않는 그 같은 인식 앞에서 장애인은 장애를 입는 순간에 이어 두 번째 좌절을 겪게 된다. 김민지 대표는 이 자리가 단순 캠페인을 위한 자리가 아님을 강조하면서도 이 같은 인식개선의 의지가 전제되지 않으면 브이드림이 걸어온 길을 설명할 수 없다고 했다.

창조적 이별의 연속이
내일을 창조한다

김민지 대표는 장애인을 바라보는 비장애인의 시선 속에
들어있는 '위한다'는 착각에 대해 말했다. 정작 장애인들은
특별한 존재로 대우받길 원하지 않는다고 했다. 비장애인과
장애인 사이에 흐르고 있는 커다란 강, 그 차별의 종식을 원
한다는 것이다. 김 대표는 장애인을 바라보는 오래된 관념에
서 벗어나야 한다고 힘 실어 강조했다. 브이드림 역시 장애
인을 대상으로 한다고 해서 비영리기업, 민간단체가 아니라

는 점을 강조했다. 지난 아홉 번의 강의로 기업가 정신에 대한 귀한 이야기를 공유하였던 여느 기업가들과 마찬가지로 본인과 브이드림도 영리를 추구하는 기업이라는 너무도 당연한 이야기로부터 인식의 전환, 창조적 이별에 관한 강연이 이어졌다.

김 대표가 말하는 '창조적 이별'이란 무엇일까. '쓸모/쓸모없음'이라는 지배적이고 단순한 도식을 역전시키자는 것. 이를 바탕에 둘 때에야 보이지 않는 곳에 움츠리고 있던 장애인을 불러내어 사회의 구성원으로 자신의 역량을 펼칠 수 있는 거듭나기가 가능해진다. 이 같은 사고의 역전은 2018년 1월, 창업 당시부터 중단 없이 이어온 김 대표의 화두였다. 브이드림의 출발은 대개의 스타트업 기업처럼 개발자 1명, 디자이너 1명으로 돛을 올렸다. 개발자가 아니었던 그는 당시를 돌이키며 스스로 중심을 잡지 못해 함께 일하는 사람들이 힘들었을 거라고 했다. 주지의 사실대로, 기업의 기존 인프라가 없는 '스타트업' 기업의 경우, 체계를 비롯한 모든 것을 무에서 유로 만들어가야 한다. 그 과정의 고단함이야 예상치 못했던 바 아니지마는 실제로 겪어보니 매 순간 새로운 고통과 인내가 따랐다고 했다. 뜻 모아 마음 모아 함께 땀 흘렸던 이들이 떠나는 걸 지켜보는 것은 참으로 고통스러운 일이었다. 창업 당시 사회적 경험이 충분히 쌓일 리 없던 삼십 대 초반이었던 김 대표는 차츰 만남과 이별에 익숙해졌다. 아니, 익숙해져야 했다. 보석 같은 한 사람을 만나기 위해서는 곧 창조적 이별이 전제할 때에야 가능하다는 사실을 깨달은 것이다.

그 같은 창조적 이별은 인위적으로 만들어내고 연출해 낸다고 할 수 있는 것이 아닐 터. 유연한 조직 운영이라는 기조 속에서 대표 자신보다 해당 분야에 대해 더 잘 알고 있는 전문가를 찾고, 나아가 신뢰하여 맡길 줄 알아야 했다. 김 대표는 그 당연해 보이는 것을 처음부터 선취하기란 쉽지 않았다고 회고했다. 신의로 대했던 이가 어느 날 갑자기 회사를 그만두는 경우를 부지기수로 겪기도 했다. 평온한 월요일 아침을 깨우는 '똑똑' 노크 소리가 가장 무서웠다던 김 대표. 좋지 않은 예감은 좀처럼 어긋나는 법이 없어서, "대표님, 할 말이 있습니다"라는 말을 꼭 불러왔다. 스타트업 기업의 숙명이자, 한 조직의 수장이라면 피해 갈 수 없는 이 같은 순간에도 이제는 의연해졌다고 했다. 함께 울고 웃었던 시간을 생각하면 가슴 아픈 이별일 수밖에 없지만, 세상의 변화를 선도하고 있는 회사의 성장 속도와 방향이 일개인과 맞지 않는다면 헤어짐은 어쩔 수 없는 것이라는 게 김 대표의 설명이었다.

이야기는 '발상의 전환', '창조적 이별'의 전범인 브이드림의
현장에 관한 내용으로 이어졌다.

장애인 특화 재택근무 시스템
'플립(FLIPPED)'의 활약

앞서 언급한 대로 국내 장애인의 수는 오백만 명에 달한
다. 인구 대비 열 명 중 한 명꼴이다. 그러나 경제활동 인구를
보면, 전체 상시 근로자의 수 785만 명 가운데 장애인은 21만
명 수준으로 고용률이 2.66%밖에 차지하지 않는다. 산술적
으로 70만 명에서 80만 명까지 장애인 근로자가 집계되어야
마땅하겠지만, 그 간극이 우리의 장애 고용 현실을 말해준다.
단순 통계가 품은 함정을 차치하더라도 빈약한 수준임에는
틀림없는 사실이다. 정부에서는 상시 근로자 100인 이상 기
업들은 반드시 3.1%의 장애인을 의무 고용하도록 법으로 규
정하고 있다. 그러나 의무대상 기업 중 열에 여덟이 이를 따
르지 않고, 채용 대신 매년 상당한 부담금을 납부하고 있는
실정이다. 이처럼 기업이 장애인을 채용하지 않는 이유가 무
엇일까?

첫째, 장애인에 적합한 직무를 부여하는 어려움을 들 수 있다. 역동적인 산업 구조의 변화에 따라 기업에서 요구하는 직무 능력은 갈수록 고도화되는데, 그에 준하는 능력을 갖출 기회가 장애인에게는 한정적으로 돌아간다. 신체적 어려움 때문에 장애인은 활동성과 안정성을 기대하기 어려우며, 자연히 직무 완성도 역시 떨어지기 때문이다. 둘째, 장애인의 근무환경이 조성되지 않은 기업들의 경우, 시설조정비용에 대한 부담이 상당하다. 차라리 부담금을 택하자는 것이 미고용 기업들의 사정이다. 셋째, 어렵사리 장애인을 채용하였더라도 사후관리의 어려움이 만만치 않다는 점이다. 직무적용, 팀워조성, 출퇴근, 산재사고의 위험성까지 예상되는 갖가지 변수 관리를 기업에서는 꺼린다. 이 같은 어려움들은 각종 직무 능력을 갖춘 장애인의 재택근무가 활성화되면 극복할 수 있는 점이다. 브이드림은 열거한 문제점들을 해소하기 위해 장애인 특화 재택근무 시스템 '플립'을 개발·운용 중이다.

브이드림의 플립은 장애인 근로자의 출결 체크부터 지원 요청, 회의 참여, 업무 수행, 전자서명 등, 근태·노무·업무 관리를 하나의 플랫폼에서 해결할 수 있는 시스템이다. 한마디로 장애인에게 취업 기회를 제공하는 수준을 넘어 후속 관리까지 지원하는 원스톱 모듈 시스템인 것이다. 이와 같은 시스템의 구축은 장애인 인사관리 시장에서 큰 주목을 받았다. 장애인 고용에 대한 부담을 느끼고 있는 기업의 입장에서도, 사회의 건전한 구성원으로 거듭나고자 하는 능력 있는 장애인에게도 모두 윈윈할 수 있는 환경을 구축해 내기 위해 앞장서 노력했던 결과다. 브이드림은 장애인의 각 유형과 수요 기업의 업종에 따른 직무 유형 및 직군별 자동 직무 추천 시스템을 도입해 난이도에 따라 초·중·고급으로 나눠 경영사무원, 제조업, 마케팅업, 정보통신업 등의 20개 직군에서 사무직, 디자인, 챗봇 데이터 수집, 영상 편집 등 300여 개의 직무로 세분화했다. 이에 그치지 않고, 구직된 장애인을 대상으로 취직 후에는 직장 적응을 위한 심리상담도 진행한다.

이를 통해 장애인은 본인도 알지 못했던 적성을 발견할 수 있다. 장애 여부와 관계없이 누구나 꿈꾸고, 그 꿈을 이룰 수 있는 공평한 기회가 창출되었다. 이 같은 새로운 교육 콘텐츠의 창조 결과, 장애인의 근속률과 업무 생산성이 점점 향상하는 성과를 목도할 수 있었다.

물론, 김 대표가 탄탄대로의 '성공신화', '꽃길'만 밟아온 것은 아니었다. IT 스타트업에서 6년간 근무한 경험과 축적된 노하우를 딛고 장애인 솔루션 브이드림을 창업했으나, 직원들의 월급을 마련하지 못해 한 건씩 임금을 지불했던 세월도 있었다. 그는 지나온 시간들이 모두 엊그제만 같다고 했다. 퇴직금을 모조리 부어 창업을 했으나, 일 년 반이 지나도록 매출은 0원이었다. 김 대표 개인이 가져갈 월급이랄 것도 없었다. 넋 놓고 가만히 있을 수만은 없었던 그는 투자자들을 만나기 위해 발 벗고 나섰다. 많은 창업자들은 투자자들과의 만남을 꺼린다고 한다. 아쉬운 소리 하기 좋아하는 사람이 누가 있겠느냐마는 김 대표는 투자자들에게 먼저 뉴스레터를 보내는 등, 소통과 접촉의 노력을 아끼지 않았다. 그렇게 설득해서라도 월급을 조금씩 늘려가는 것이 재밌기까지 했다고 했다. 그 같은 발상의 전환은 회사 곳곳, 사원들에게도 적용된다.

브이드림에는 '브이코인'이란 제도가 있다고 했다. 힘든 일을 할 때마다 적립된 코인은 연말에 성과급으로 가져갈 수 있게 한 것이다. 이것이 업무의 효율을 앞당긴 것은 두말할 필요도 없다. 직원 복지에 관한 관심은 곧 업무의 성과와 보람으로도 연결되었다. 브이드림을 통해 취업이 된 장애인은 첫 월급을 받고 김 대표에게 편지와 작은 선물들을 보내기도 하였다. 그렇게 김 대표는 매 순간 사명감을 가질 수밖에 없었다.

창업 이후 김 대표에게 주어진 각종 표창과 상장은 그 사명감이 낳은 자연스러운 열매가 아닐까. 2019년, 브이드림은 부산지방중소벤처기업청장 최우수상, 엑셀러레이팅 창업지업 사업 대상 등을 수상한다. 그해 브이드림은 부산을 넘어 서울지사, 경남지사, 인천지사를 설립하며 전국으로 뻗어나 갔다. 장애인이 있는 곳이라면, 자활을 꿈꾸는 장애인이 있는 그곳에 바로 브이드림이 나타났던 것이다. 창업 2년 만의 기염이었다. 이 같은 김 대표의 활약상에 각종 지자체는 표창장을 아낌없이 안겼다. 장애인복지 증진에 기여한 바를 인정받은 것이다. 지난 2022년에는 부산장애인인권상 민간기업 부문 수상과 대한민국 봉사대상을 수상하기도 하였다. 상의 이력을 나열하는 것으로 그의 기업가 정신을 모두 설명할 수는 없을 것이다. 그는 재택근무시스템특허증을 출원하였고, 본인의 경영 노하우를 보다 넓게 전수하기 위해 2023년 2월부터 제3대 코리아스타트업포럼 동남권협의회 회장직을 맡아 수행하고 있다. 그것이 김민지 대표 일개인의 입신과 양명을 위한 것만이 아님은 너무도 분명해 보인다.

장애가 장애되지 않는
세상을 위해

열띤 강의는 어느새 종반으로 향했다. 김 대표는 좌중을 향해 '장애인의 행복을 위해 가장 필요한 복지란 무엇일까?'라는 질문을 던졌다. 각양각색의 답에 골똘해 있을 때, 김 대표는 천천히 입을 뗐다.

"바로 경제적 활동을 통한 자립입니다."

장애인의 삶의 변화는 안정적인 일자리로부터 출발한다. 그렇게 출발하여 사회 구성원으로서의 온전한 권리를 가질 때에야 장애인과 비장애인의 경계는 허물어질 것이다. 일회성 도움, 경제적 지원을 넘어 장애인 스스로 돈을 벌 수 있는 플랫폼을 만드는 것. 그들과 나, 장애인과 비장애인의 거리를 없애는 것이야말로 공공의 행복에 가닿을 수 있는 가장 쉽고도 어려운 길이 아닐까. 김 대표는 오래 품어온 생각을 발상의 차원에 묶어두지 않고, 구체적 실천으로 옮겼다. 그렇게 탄생한 브이드림을 통해 오늘날, 수많은 장애인 구직자들은 경제 활동의 주체로서의 자립을 실현하고 있다. 하지만, 여전히 우리 사회에 만연한 장애인에 대한 인식은 편협한 수준이다. 김 대표는 이를 꼬집었다.

"장애인이라고 하면, 단순 반복 노동만 소화할 수 있다고 여기곤 합니다."

비장애인 가운데서도 적성과 직무의 능력이 천차만별이듯, 장애인 역시 장애 정도에 따라 개인의 의지에 따라 그 능력이 다양하다. 신체 능력이 떨어지면 인지능력까지 떨어지리라는 막연한 생각은 오산이라는 것이다. 하물며 발달·지적 장애와 같은 중증 장애인들 또한 그들을 위한 훈련을 거치면 얼마든지 직업 일선에서 활약할 수 있다는 것이 김 대표의 말이었다.

김 대표는 브이드림이 걸어갈 길이 아직 멀다고 했다. 장애인 인재 활용의 모든 것을 지원하는 기업이 되겠다는 포부를 한시도 잊지 않았다는 그는 최근 버전이 업그레이드된 '플립 2.0'에 대해 소개했다. 각 장애 유형에 따른 맞춤형 화면전환과 음성인식 등 웹 접근성 기능을 더욱 강화하여 자신에게 맞는 기능을 맞춤 제작할 수 있게끔 하였다는 것이다. 좌중에서 놀라운 기술력에 대한 감탄이 터져 나왔다. '기술로 세상의 편견을 없애 장애가 장애되지 않는 세상을 만들 것이다'라는 비전을 밝히는 김 대표의 얼굴에는 확신이 번져 나왔다. 그가 꿈꿔온 상생, 공존의 사회는 IT 기술을 통해 빠르게 현실화되고 있었다.

장애인이 능력에 맞는 직업생활을 통하여 인간다운 생활을 할 수 있게 장애인의 고용을 촉진하는 의무고용제도가 도입된 지 30년이 훌쩍 지났다. 제도가 도입된 1990년대만 하더라도 장애인에 대한 사회적 인식은 낮았다. 양적인 성장만을 추구하느라 옆을 돌아보지 못했던 우리 사회는 기회균등과 평등, 공정의 실현이라는 가치를 돌아보고 재인식하게 되었다. 그러나 사회의 수준이 상승했음에도 여전히 장애인은 이동권 문제의 해결을 위해 수치와 모욕을 견디며 차가운 지하철 바닥에 엎드려 시위를 벌여야만 했다. 그들 역시 우리와 똑같은 공기를 마시고, 기쁨을 누릴 권리가 있음을 모르지 않는다면, 그들을 더 이상 사회의 불편을 초래하는 존재로 인식해서는 안 될 것이다. '기술의 발전'과 '사회적 인식의 변화'가 이인삼각 경기처럼 함께 호흡하며 나아가야 한다는 점을 강조하는 김 대표의 눈길은 이제 보다 높은 곳을 바라보고 있다.

단순 재택근무 플랫폼을 넘어 브이드림만의 착한 기술력을 활용해 장애인들이 마음껏 일하고 생활할 수 있는 시스템과 환경을 마련하는 세상을 펼쳐 보이겠다는 것. 그가 꾸었던 꿈은 현실화의 도정 속에서 우리의 곁에 가까이 다가오고 있다. 인공지능 음성인식 기업 와즈넛과 함께 플립을 연동한 메타버스 사무실 구축을 통해 신체적 한계를 극복하고 개개인의 능력을 마음껏 펼칠 수 있는 공간 창출까지. 신체적 불편감 해소의 차원을 넘어 장애인의 생활 전반을 자유롭게 해소할 수 있는 시스템을 만들어 보이겠다는 브이드림의 꿈은 바로 지금, 이곳에서 펼쳐지고 있다.

일상 속, 더 나은 삶을 위한 혁신

소셜빈 김학수 대표이사

소셜빈은
어떤 회사인가

아테네학당의 마지막 강연자는 소셜빈의 김학수 대표다. 30대 초반의 젊은 대표는 과연 우리의 미래를 위해 어떤 고민을 하고 있는지 궁금했다.

2013년 김학수 대표가 창업한 소셜빈은 라이프스타일 관련 브랜드를 운영하는 스타트 업이다. 지금은 브랜드를 유아용품과 생활용품에서 건강기능식품까지 확대하며 사세를 확장하고 있다. 국내에선 찾아보기 힘든 제조 기반 스타트업

회사로 유아용품 '퍼기'와 '리틀클라우드', 생활용품 '노멀라이프', 영유아 브랜드 '아띠빠스', 반려동물용품 '펫모이스' 등이 대표적인 자체 브랜드다. 인플루언서를 활용한 폐쇄형 이커머스인 '핫트Hott'도 운영하고 있다. 2021년에는 부산 최초로 중소벤처기업부 예비 유니콘 기업에 선정되기도 한 소셜빈은 대한민국 최초의 제조 유니콘을 꿈꾸며 지금도 한 걸음씩 착실하게 나아가는 중이다.

"오늘 강의의 타이틀을 '사막은 기회입니다'라고 정했습니다. 제가 처음으로 사업에 대해 생각한 것은 19살 때였습니다. 남들보다 빨리 창업을 생각했고 사업자 등록을 내기 전까지 사업에 도움이 될 만한 좋은 경험도 운 좋게 많이 할 수 있었습니다. 24살에 마윈 회장의 강의를 들었는데, 그때 마윈 회장이 이런 말을 했습니다. '30대에는 무엇보다 많이 보고, 많이 생각하고, 많이 해보는 게 가장 중요하다.' 어릴 때 들어서인지 그때 그 마윈 회장의 말이 강하게 머릿속에 각인되었던 것 같아요."

김 대표는 그렇게 많이 보고, 많이 생각하고, 많이 해보라던 마윈 회장의 말을 실천에 옮기기 시작했다. 창업 당시 돈은 없었지만, 미국, 독일, 이스라엘, 중국 등 거의 6년 동안 국내외 박람회만 70~80곳을 돌아다니며 많은 상품을 접했다. 그중 이스라엘에 갔을 때는 국토 대부분이 사막인 나라가 그 황량한 사막에서 나무 기르는 기술을 개발해 해외에 수출까지 한다는 걸 목격하고 위기나 약점이 기회가 될 수도 있다는 것을 새삼 느꼈다. 그 덕에 다른 사람과는 다른 아이디어를 생각해내고, 상품 만드는 일에 빠져 소비자를 위한 수많은 제품도 만들 수 있었다. 누구보다 많이 보고 늘 생각하고 있었기에 아이디어를 떠올리고 문제를 해결해내는 부분에서만큼은 자신감이 늘어갔다. 이후 김 대표는 경쟁률 623:1의 독일 국제 발명대회에서 최고 발명상을 받는 등 국제 발명대회 수상 10여 개, 대통령상 3회 등을 수상하기도 했다.

그렇게 박람회를 돌아다니며 깨달은 것은 거대한 제조 시장, 정통 제조회사들은 생각보다 많은 빈틈을 가지고 있다는 사실이었다. 큰 회사들은 새로운 제품 개발로 빠르게 전환하기에는 지나치게 무거운 조직과 생산 라인을 갖추고 있었고 따라서 소비자의 변화나 판매 채널 변화에 대응하는 데 시간이 걸린다는 것을 알게 된 것이다. 김 대표는 변화하는 시장에서 소비자가 원하는 상품을 기획하고 개발해서 기존 대기업들이 차지하고 있는 시장에 3년 안에 TOP3 상품으로 진입하겠다는 포부를 가졌다. 이런 전략은 시간이 지나 실제로

과대포장을 생략한 홍삼, 마이구미보다 맛있는 비타민젤리,
미세가루 없는 휴지, 바람 통하는 칫솔, 밀가루 없는 과자 등
의 개발로 이어지고 있다.

"제가 좋아하는 생각들을 상품으로 만들기 위해 제조업을
시작했어요. 하지만, 공장이 있는 제조기업을 당장 하기에는
자본력이 없었습니다. 당연히 당시에는 돈이 없어서 우선 아
르바이트를 해 돈을 모았어요."

강연에서 무엇을 이야기할까 고민했다는 김 대표는 소셜빈이 지금까지 걸어온 길을 설명하는 것이 소셜빈의 기업가 정신을 가장 잘 나타낼 수 있을 것 같다며 창업 초기의 모습부터 이야기하기 시작했다. 창업하고 싶은데 자본이 없었던 김 대표는 초기 자금을 모으기 위해 하루에 네 시간도 채 못 자 가며 자전거 설치, 막창집, 대게집 찜통 나르는 일이나 서빙 알바 같은 일들로 6개월 동안 2,000만 원을 모으는 데 성공했다. 첫 시드머니였다. 그렇게 모은 돈으로 사업을 시작했고 처음 도전한 제품은 유아용 텐트였다. 하지만 역시 생각만큼 호락호락하지는 않았다. 이후 그야말로 산전수전 다양한 고생의 경험을 겪은 끝에 지금의 소셜빈을 일구게 되었다.

소셜빈은 유아용품, 생활용품 그리고 건강기능식품을 제조하고 있는데 제품 라인업 및 유통망 구축과 인수합병 M&A을 통한 다양한 PB 상품으로 소비자에게 최고의 제품만을 선보이기 위해 최선을 다하고 있다.

이러한 과정과 생각들을 모아 소셜빈은 '더 나은 삶의 가치'라는 미션을 만들고 이를 구체화하기 위한 세 가지 방법을 정해두었다. 먼저 '좋은 제품'이다. 소비자들이 만족할 수 있는 좋은 제품만을 취급하겠다는 것이다. 두 번째는 고품질의 제품을 합리적인 '좋은 가격'으로 판매한다는 것이다. 마지막으로는 '좋은 사람'이다. 좋은 사람들이 모여 소비자에게 가장 친절한 마음가짐으로 다가가 비전을 함께 이루어 가자는 것이다. 요약하면 좋은 제품, 좋은 가격, 좋은 사람들이 모여 '사회에 좋은 씨앗을 심는 기업'이 되는 것이 목표다.

소셜빈은 또 수많은 과대, 허위광고 제품에 소비자들이 속는 것에 화가 나 직접 세상을 바꾸고자 나서고 있다. 대부분의 소비자가 불편해하는 부분들을 포착해 문제를 해결하기 위한 제품을 구상하고 그것의 기획, 제작, 유통까지 직접 진행하며 일상에 꼭 필요한 제품들을 선사하고 있다.

창업 도전의 과정과
어려움

그는 10대 후반에 우연히 참여한 창업 대회에서 창업이라는 걸 꿈꾸게 되었고 한국 유아용품 시장의 열악한 상황을 알게 되었다. 호랑이를 잡기 위해 호랑이 굴에 들어가는 것 같은 결연한 심정으로 사업을 시작했지만, 첫 번째 시드머니가 사라지는 건 순간이었다. 하지만 포기하지 않고 월화수목금금금처럼 쉬는 날 없이 일했다. 지금도 주말에 자주 출근하지만, 그때는 정말 아무리 최선을 다해도 계속 문제가 생기고 원하는 대로 일이 풀리지 않아 열심히 하는 것 말고는 달리 할 수 있는 게 없던 시절이었다. 뭐든 악착같이 해내며 열심히 해야 했다. 이러한 경험 끝에 24살에 2,000만 원의 자본금으로 만든 게 루카 텐트였다.

김학수 대표는 사업을 시작했을 때의 힘들었던 에피소드를 이야기했다. 예를 들어 루카 텐트를 만들 때 텐트를 지탱하기 위한 목봉 6개가 들어가는데 나무와 나무를 연결하는 플라스틱과 크기가 안 맞아 직접 사포로 나무를 갈아 일일이 맞추기도 했다. 출근하면 사포질하다가 퇴근하는 게 일상일 정도였다. 게다가 물건을 팔아도 적자가 나는 구조여서 결국 주변 기업들의 외주를 하며 겨우 버텼다고 했다.

이제는 큰 기업의 대표가 되었지만, 김학수 대표는 그 시절의 기억을 일부러 자주 떠올리곤 한다. 열심히 하면 반드시 기회가 온다는 것을 자신의 삶을 통해 확인한 것은 큰 소득이었다. 또한 그때의 경험들은 앞으로 소셜빈이 성장하는 데 비교할 수 없을 만큼 소중한 동력으로 작용할 것이다. 김 대표는 나중에 유아 식판을 만들어 큰 성공을 거두게 됐는데 그 과정과 유아 텐트를 비교하며 이렇게 말했다.

"루카텐트는 비타민 같은 제품이었어요. 필수품이 아니었죠. 있으면 좋은데 꼭 필요한 건 아니었던 거에요. 그래서 이제는 마지막 기회라고 생각하고 아스피린 같은 제품, 다시 말해 꼭 필요한 제품을 만들어야겠다고 생각하고 유아용 식판에 주목하게 되었던 겁니다."

그런데 식판을 만들었을 때도 처음부터 성공한 건 아니었다. 제작 당시는 겨울이었는데 이 제품들이 해를 넘겨 여름에 판매되면서 생각지 못한 문제가 터진 것이었다. 식판의 뚜껑이 열리는 불량이 발생한 것이었다. 설계할 때 고려하지 못했던 온도 차이 때문에 생긴 문제였다. 쉬운 게 하나도 없다는 것을 또 한 번 뼈저리게 느꼈지만 무너지지 않고 이 문제를 해결하기 위해 전국을 돌아다니며 금형 잘하는 분들을 찾아다녔고 결국 해결할 수 있었다. 이 식판이 바로 소셜빈의 역사를 얘기할 때 빼놓을 수 없는 고래 식판이다. 김학수 대표는 고래 식판이 다시 나온 날짜를 정확히 기억했다. 그만큼 그때의 기억이 강렬했기 때문이었을 것이다. 문제를 개선하고 '투데이 특가'로 팔기 시작했는데 첫 2시간 동안 약 1,200개의 식판이 판매되었고, 이후로도 시간당 약 330개씩 판매되었다. 그렇게 그날 하루에만 6,800개가 팔렸다. 돈으로 치면 하루 만에 1억이 넘는 액수를 번 것이었다.

김학수 대표는 지금도 소비자가 원하는 제품을 만들기 위해 늘 '한 줄로 정의 가능한가'라는 질문을 던지곤 한다. 한 줄 정의로 제품에 대한 셀링 포인트 차별화를 설명할 수 있느냐가 제품 판매를 위해 가장 중요한 부분이라는 것이다. 그래서 오히려 물건을 팔 때 세 개 이상의 장점은 일부러 말하지 않는다. 세 개 이하의 키워드로만 설명한다. 물건을 사려는 사람은 긴 설명을 듣고 싶어 하는 게 아니라 제품에 대한 핵심 정보만 원하기 때문에 가장 단순하게 말할 수 있는 키워드가 필요하다. 그래서 3개 이하의 키워드로 제품을 설명하는 걸 원칙으로 삼고 있다.

그래서 기업도, 사람도, 하는 일도 '한 줄로 심플하게 정의가 가능한가'라고 질문했을 때 바로 답이 안 나온다면 분명히 어딘가가 명확하지 않은 상태이기 때문에 조치가 필요하다.

직원이 10명, 20명, 30명이 되어도 따로 직원을 담당하는 사람이 없는 회사도 많은데 소셜빈은 직원이 10명을 넘어가는 순간부터 HR, 즉 인적자원 담당자를 따로 두었다. 어떻게 보면 HR 담당자는 일하는 데 있어서 당장 필요해보이지 않을 수도 있지만, 김학수 대표는 직원들의 역량과 인적 자산의 중요성에 대해 깊이 공감하고 있었기 때문에 회사가 성장하기 전 초창기부터 HR 담당자를 두기로 결정했다고 전했다.

소셜빈이
일하는 방식

김학수 대표는 직원들에게 항상 변화할 준비를 해야 한다고 말한다. 그에 따라 소셜빈의 일하는 방식도 계속 바뀐다. 소비자가 변화하고 시장의 채널이 변화하는데 기업이 변하지 않으면 도태된다고 생각하기 때문이다.

많이 보고 많이 얘기해야 행동으로 연결될 확률도 높아진다는 생각을 항상 가지고 있기에, '즉시 하자', '지지 말자', '압도하자'를 직원 모두에게 이야기한다. 실행력이 그만큼

중요하기에 무조건 24시간을 넘기지 않아야 한다는 것이다. 24시간 안에 더 좋은 생각이 안 나면 그게 최선이기 때문에 즉시 해야 한다. 그리고 경쟁할 때 경쟁사에 져서는 안 되고 반드시 앞서야 한다는 생각을 가져야 한다. 또 한 번 시장에 진입했으면 그 시장을 압도해야 한다.

"저희는 앞으로 할 게 무궁무진하게 많다고 생각합니다. 소셜빈은 공장을 안 가지고 있기에 오히려 한 영역에 머무르지 않고 장벽을 넘어가는 것 자체가 아주 자유롭습니다. 실제로 올해에도 상당히 다양한 시도를 하고 있습니다."

사업을 한다고 무조건 성공하는 건 아니다. 처음 목표는 매월 매출을 일으킬 수 있는 상품을 100개 만들자는 것이었다. 100개 중에서 몇 개는 실패하더라도 다른 제품이 크게 성공할 수 있으니 다양하게 만들어보자는 생각이었다. 지금은 매출도 커지고 영업이익도 잘 나오고 있다. 이제는 작은 성공들을 바탕으로 큰 도전을 할 수 있는 체력이 되었고 더 많은 참신한 도전을 할 수 있게 되었다. 수많은 실패가 있었지만, 아무튼 버티고 도전하다 보니 여기까지 온 셈이었다. 이제는 한 번에 되는 건 없다는 걸 잘 알게 되었다. 그래서 넘어지면 일어나고 또 넘어지면 또 일어나는 오뚝이 정신이 왜 필요한지도 잘 알게 되었다.

김학수 대표는 스타트업 기업 중 복지 부분에 대한 투자는
소셜빈이 부산 최고일 거라며 자랑스럽게 이야기했다. 연봉
이외에도 특별한 연금제도가 있고, 성과급 제도도 잘 되어 있
다는 것이다. 일할 때는 공격적이고 치열하게 열심히 하도록
권장하지만 반대로 그에 대한 보상도 확실하게 해 주니 직원
들의 만족도도 좋을 수밖에 없단다. 소셜빈이 함께 일할 좋은
사람을 만나기 위해 끊임없이 노력하는 모습 중 하나이다.

원활한 소통의 필요성을 강조하면서 김 대표는 지속적인
커뮤니케이션을 위한 '오버 커뮤니케이션'을 말했다. 같은
말이라도 최대한 많이 해서 상대를 설득할 수 있게 커뮤니케
이션을 잘해야 한다는 것이었다.

"회사 일에는 혼자 하는 일이 없거든요. 다 팀플레이입니
다. 모두 다 함께하는 사람들이잖아요. 저희는 회사의 분위기
를 좋게 만들고 유지하려고 의식적으로 노력합니다. 기존 직
원들의 분위기가 좋으니까 새로운 직원들도 잘 적응합니다."

소셜빈의 사내 분위기를 긍정적으로 만들기 위해 도입한
방법 중 '칭찬합시다'라는 게 있다. 조금이라도 좋은 일이 있
으면 칭찬 글을 올리고 거기에 맞게 포인트를 지급해 회사 제
품을 살 수 있도록 했는데, 하루에도 수십 개의 글이 달리며

서로 격려하는 분위기가 만들어졌다고 했다. 김학수 대표는 좋은 분위기를 만들어야 회사 일도 더 잘 된다고 강조했다.

또한, 요즘의 젊은 직원들이 개인주의적 성향과 워라밸 때문에 조직문화를 거부한다는데 상대적인 차이는 있을 수 있지만 그런 경향도 회사 분위기를 어떻게 하는가에 따라 달라질 수 있다고 했다. 회사의 구조가 사람을 만드는 것이기 때문에 경영자들이 옛날 마인드를 가지고 있으면 힘들 것이고, 반대로 마인드를 열고 수평적인 관점에서 다가가 보면 충분히 달라질 수 있다고 본다는 것이었다.

뭐든 될 사람은
된다

김학수 대표는 인상적인 경험 중 하나로 포장 얘기를 들었다. 갑자기 많은 물량을 포장해서 발송해야 할 일이 생겨 전 직원이 창고로 달려가 며칠 동안 다른 일은 못하고 포장만 했는데 그때 보니 포장 전문가가 따로 있는 게 아니라 다른 일을 잘하는 사람이 포장도 잘 하더라는 걸 알게 됐다는 얘기였다. 주로 개발자들이었는데 그들이 자기 업무와 전혀 관련 없는 포장 업무에서도 빠르게 프로세스를 정리하고 구조화하여 누구보다 빠르고 정확하게 포장하는 걸 보고 느낀 바가 있었다고 했다. 기업이 사람을 잘 뽑아야 하는 이유이 기도 했다. 좋은 학교를 나온 사람보다는 하려는 '의지'를 가진 사람이 성공할 가능성이 높다고 본다는 김 대표는 소셜빈을 성장시키기 위해서도 명확한 기준을 세우고 있었다. 결국은 뭘 해도 하려고 하는 사람이 성공한다는 것이었다. 힘들어 보이는 일을 앞두고 '해보자, 할 수 있다'라고 생각하는 사람과 '힘들 건데, 어려울 건데'라고 생각하는 사람이 있다면 당연히 후자는 뽑지 않는다. 이상적인 눈높이를 가지고 있기에 무엇을 해도 생각만큼 잘 안 될 때가 많지만 시작부터 그런 부정의 기운을 가지고 있으면 더욱 힘들어지기 때문이다. 그래서 김 대표는 전문성보다 열심히 하려는 의지를 더 높이 평가한다.

"저는 지금 매년 이전보다 두 배씩 성장하겠다는 목표를 세우고 사업을 하고 있습니다. 그래서 회사 팀장들에게도 항상 이렇게 말해요. 남들보다 다른 생각을 해야 하고, 남들보다 더 효율적으로 해야 하고, 남들보다 더 빠르게 해야 한다. 회사 목표인 두 배 성장을 위해 방법을 찾아야 한다. 그러면 실제로 좋은 제안들을 많이 합니다. 그래서 회사도 저희도 계속 더 성장하는 중이죠. 저는 진짜 큰 꿈을 꾸는 회사를 만들고 싶거든요."

10년 전 사업을 시작할 때만 해도 소셜빈은 부산에서 보이지도 않던 작은 회사였다. 그러다 어느 순간 스타트업 붐이 불고 투자를 받고 하다 보니 성장은 했으나 지나치게 많은 시행착오를 겪었다. 하지만, 그런 과정을 거치면서 팀과 사람들이 모두 강해졌고 10년 정도 함께하는 동안 직원들과도 경험이 많이 쌓여 이제는 눈빛만 봐도 '척척'일 만큼 호흡이 좋다. 김학수 대표는 이제 제품 브랜드도 어느 정도 축적되었고 상품을 계속 만들어낼 수 있는 기반도 다져졌으며 판매 채널도 오프라인에서 온라인으로 급격하게 바뀌면서 소셜빈에 더 큰 기회가 오고 있다고 했다.

"열심히 하고 있습니다. 아마 오늘 오신 분들 중에서는 소셜빈을 처음 들어보신 분들도 많을 것 같아요. 아직은 작은 회사지만 조금씩 소셜빈의 브랜드와 제품도 더 많이 알려지는 중입니다. 저희는 아주 작은 아이디어부터 상품화하고 그런 상품으로 계속 성장하고 있는 회사입니다."

미혼인 김학수 대표는 지금의 소셜빈이 있게 한 대표 상품이랄 수 있는 고래 식판을 떠올리며, 어쩌면 자신이 유아 시장을 잘 몰랐기 때문에 성공할 수 있었는지도 모르겠다고 말했다. 김 대표는 잘 안다고 생각하는 사람들, 전문가들이 빠지기 쉬운 함정에 빠지는 대신 자신이 모른다는 걸 알고 있었기에 더 많이 공부하고 더 많이 묻고 또 더 많이 조사했다는 것이었다. 지금 우리 사회의 출산율은 기형적일 만큼 낮은 수준인데 그래서 언뜻 유아 제품의 전망도 별로 좋지 않을 것으로 생각하기 쉽지만, 사실은 하나밖에 없는 아이에게 더 많이 투자하고 더 큰 자본이 집중되고 있는 시대이기에 유아 시장의 확장력이 다른 시장에 비해 결코 작은 것은 아니다.

수많은 시행착오를 통해 사회변화에 빠르게 대응한 김학수 대표는 마침내 부산 최초의 예비 유니콘 기업인 지금의 소셜빈을 만들었다. 강연이 마칠 때쯤, 김 대표는 '코이의 법칙'이라는 말을 소개해주었다. 관상어 중에 '코이'라는 물고기가 있는데 이 물고기는 작은 어항에 기르면 5~8cm밖에 자라지 않지만, 수족관이나 연못에 넣어두면 15~25cm까지 자라고, 강물에 방류하면 90~120cm까지 자란다고 했다. 환경에 따라 성장의 스케일이 확연히 달라지는 것이다. 소셜빈의 미래에 '코이의 법칙'을 겹쳐 생각해보게 된다. 최근 김학수 대표는 한 달 중 1주일을 베트남에서 지내고 있다고 한다. 이제 글로벌 시장으로 막 발돋움을 시작한 소셜빈의 앞날을 두근거리는 마음으로 기대해보게 된다.

에필로그

기획위원

- 김대권
- 김수우
- 박재율
- 이준영
- 장현정

책방골목에서 피어난
인문학의 향기

기획위원 김대권
(아테네학당 대표)

　2023년 3월, 부산 중구 보수동 책방골목에 카페 아테네학당이 문을 열고 복합문화공간으로서 역할을 할 수 있는 첫 번째 기회를 맞이하였습니다. 예술, 학문, 철학의 중심지였던 아테네가 지닌 장소의 의미에 걸맞게 부산테크노파크, 아테네학당, 백년어서원, 부산학당, ㈜호밀밭이 함께 참여하는 '아테네포럼'이 출범하였고, 그렇게 1년 남짓의 시간이 흘러 지난날을 회고하는 날이 찾아왔습니다.

　인문학은 우리의 삶에 많은 영향을 미치고 있습니다. 그중 영리를 추구하는 과정에서 무한경쟁 상황에 놓이게 되고, 생존을 위해 끊임없이 창의력이 요구되는 기업 분야에서야말로 인문학에 대한 간절함이 더욱 절실하다고 생각합니다. 특히, 인간의 어두운 본성이나 욕심이 과잉으로 넘치는 분야에서는 여러 부작용이 필수적으로 수반되는데, 이를 극복하고 치료하기 위한 현명한 지혜를 제공하는 것이 인문학 아닐까 생각합니다. 그러한 지혜를 손쉽게 들을 수 있는 자리를 마련하기 위해 아테네포럼이 발족하였고, 그 여정의 끝까지 달려왔습니다.

짧지 않은 시간 동안 인문학의 향기가 곳곳에 스며드는 계기가 되었다는 생각에 잔잔한 기쁨과 보람을 느낍니다. 또한, '기술과 인문학의 만남'이라는 주제로 두 번의 시즌에 걸쳐 펼쳐진 강연과 대화의 향연에 인문학을 사랑하는 분들이 맘 편히 참여할 수 있도록 아테네학당 공간을 내어줄 수 있어서 정말 뜻깊고 영광스러웠습니다. 그간 아테네포럼을 통해 쌓아온 소중한 추억과 감흥이 '기업가 정신, 도시의 영혼을 만들다'라는 책에 고스란히 반영되어 훗날 어느 한 명의 독자에게라도 선한 영향을 미쳐 그 개인의 삶이 조금이라도 나아진다면 아테네포럼의 발족과 활동에 대한 최고의 찬사가 될 것 같습니다.

우리 안의 모험,
우리 안의 용기

기획위원 김수우
(백년어서원 대표)

　삶은 보이는 것보다 보이지 않는 비밀로 성장한다. 모험의 비밀이다. 언제든 살아 꿈틀거리는 이 힘이 삶의 틈들을 작동시키고 존재의 결을 만든다. 우리의 내재와 초월을 구성하는, 보이지 않는 것들은 기실 늘 말을 걸고 있다. 사랑의 비밀, 상상력과 용기의 비밀 그리고 장소의 비밀. 이 책은 이러한, 효모 같은 감춰진 무늬를 나눈다.

　끊임없이 공간화 되어가는 도심에서 장소를 지킨다는 것은 모험이다. 부산의 기업가가 가치 경영으로 지역사회를 끌고 나가는 것도 모험이다. 또한 기업정신이 어떻게 시민사회를 찾아가는지 그 길을 따라나서는 것도 상상력이 필요하다. 부산정신을 세계적으로 성숙시키는 데도 용기가 절실하다. 이 가치들이 장소성이라는 비밀과 마주친 것이 아테네포럼이다.

　보수동 책방골목에 자리 잡은 아테네학당, 그리고 아테네포럼에서 제일 먼저 부산의 기업가 정신을 만난다는 것은 실천적인 꿈을 함유하고 있다. 경영인들에게 가치를 묻는 것은 그만큼 현실적인 삶에 다가가려는 인문의 간절함을 보여준다. 막연한 관념이 아닌, 그저 심정적인 접근이 아닌, 기업 경영을 통해 몸과 마음을 엮는 거대한 인드라망은 어떤 것일까. 누군가의 모험, 기업의 비전. 거기에 담긴 헌신과 지혜에 감응하는 시간은 인문에 중요하다. 어떤 숫자로 측량된 지표 뒤에는 더 광활한 들판이 있음이다. 거기서 인문人文은 진짜 문門이 된다.

길이 자꾸 끊기면 어떤 복병이 있을지 모른다는 데서 모험은 고통과 두려움을 수반한다. 하지만 모험만이 미래를 얻을 수 있다. 체험과 예지력은 용기를 바탕으로 한다. 새로운 출발은 그만큼 큰 용기가 우선이다. 아테네학당에서 함께 공부한 기업가 정신은 그 결단을 보여준다. 이 책에서 함께 나누는 것은 용기를 따라가는 모험과 상상력이다. 우리의 미래를 바꾸어내는 경제적인 모험, 타자를 새롭게 경험하는 공감의 상상력, 모두의 행복을 추구하는 공존의 능력, 거기서 시민정신은 성숙한다. 개인도 사회도 다시 모험을 시작할 것이다.

참 소담스럽고 맛깔스러운
한상차림

기획위원 박재율
(지방분권균형발전 부산시민연대 대표)

'참 소담스럽다', '참 맛깔스럽다', 이런 표현이 불쑥 튀어나온다. '혁신과 도전의 기업가 정신'과 같은 다소 거창하게 들리는 말보다 무언가 기분 좋은, 흐뭇한, 아름다운… 그런 분위기, 향내가 감싼다. 부산아테네포럼 시민아카데미의 강연을 정리하는 도서 발간에 즈음해서 소회를 몇 자 적어보려니 맨 먼저 떠오르는 느낌이다. 그동안 시민아카데미 강연에 참가하면서 이런 감성이 내 속에 깊이 쌓여 있었나 보다.

왜 그럴까? 돌이켜보고, 되씹어보니, 기업가들의 생생한 체험과 육성에서 인문 정신을 읽을 수 있는 시간이었다는 것으로 귀결된다. 사회 속에서 문제를 발견하고 그 해결 방향을 찾아 도전하고, 안주하지 않는 혁신의 기업가 정신은 단순한 기능과 기술주의, 눈앞의 실적과 성과에만 급급하지 않는 도저한 인문 정신과 일맥상통한다는 점을 새삼 되새기는 기회였기 때문이리라. 또한 자발적인 청중들의 열정적인 호기심과 열띤 참가가 어우러져 그 소담스러움과 맛깔스러움이 마침내 한상차림으로 차려진 것이겠다. 물론 이 한 상의 완성에는 김형균 테크노파크 원장, 장현정 호밀밭 대표를 비롯한 아테네포럼 식구들의 헌신과 아테네학당 김재권 대표의 기여가 수저로 가지런히 놓여 있어 가능한 것임은 두말할 나위 없다.

세계 10위 안팎의 경제규모로 성장한 대한민국, 그 덩치에 비해 세계적으로 유례없는 '수도권 초집중', '지역소멸', '저출생 고령화'의 파고에 맞닥뜨린 현실, 이를 헤쳐나가기 위해 지역, 특히 서울과 함께 대한민국 혁신의 양 바퀴 역할을 해야 할 부산에서 혁신의 바람을 일으키는 기업가의 역할, 기업가 정신은 매우 중요하다. 그리고 단기간 압축 성장의 그늘인 '헬조선', '재미있는 지옥'과 같은 무한 경쟁의 갈등과 대립을 공동체적 소통과 연대로 탈바꿈 시켜나가는 시민적 힘, 인문정신이 절실한 상황이다. 이런 점에서 이번 부산아테네포럼 시민아카데미는 그리 화려하지는 않지만 의미 있는 주춧돌을 놓았다고 할 것이다. 아테네포럼의 막내가 외쳐본다. 아테네포럼이여, 쭈욱 가자!

기업을 지탱하는
인문학의 힘

기획위원 이준영
(부산학당 대표)

인문학을 '인간 이해'로 정의한다. 나와 너, 우리를 오해하지 않게 바라보는 마음과 태도를 말한다. 이해는 하나의 방식으로 규정하지 못한다. 홀로 있을 때와 함께 있을 때 모습을 달리하기 때문이다. 인문학을 고정적으로 인식하기 어려운 이유다. 접촉이 가는 순간 예측은 틀리기 쉽다. 방문을 열기 전과 후에 상대를 대하는 태도가 달라지는 것과 같은 이치다. '인간 이해'는 어쩌면 양자역학의 원리와 흡사할지도 모른다.

기업은 사람을 상대하는 경제 주체이다. 거래 형태가 어떻든 결국 매개체는 인간일 수밖에 없다. 부산아테네포럼의 '부산기업 정신 탐험:나는 기업이자 혁신이다'는 이런 인식을 기반으로 출발했다. 인본주의에 기반한 사람 이해에 우선을 두지 않고는 성공할 수 없는 까닭이다. 상품 제조와 판매 성공을 위해서 엔지니어로는 부족하다. 자본주의는 공급 과잉이라는 뜻의 다른 말과 같다. 전통 기술이 이미 한계에 봉착했다는 의미다. 그 허들을 뛰어넘기 위해서는 인문학이 중요해질 수밖에 없다.

박성조 교수가 동아대에서 석좌교수로 있을 때 대화를 나눈 적이 있다. 세계 유수의 자동차 제조업체에서 자문을 해 온 학자이다. 그는 벤츠나 아우디 같은 선진 회사들은 종교인, 심리학자, 사회학자, 언어학자들의 조언을 주로 듣는다고 전했다. 다른 나라의 추격으로 기술 격차가 적어진 상황에서 인문학이 답이라는 걸 그들은 일찍 각성했다는 것이다.

부산아테네포럼은 부산기업 중에도 그런 깨달음을 얻고 실천하는 곳이 많다는 걸 확인하는 자리였다. 장애인에 관한 육체적·심리적 공감을 통해 일자리를 만들어 가는 한 회사는 청중에게 감동을 안겼다. 보행이라는 인간 본능을 연구하는 곳도 깊은 인상을 남겼다. 독서프로그램 구성을 늘 우선 과제로 삼는 회사 역시 마찬가지였다.

갈수록 기업의 수도권 집중이 가속화되고 있다. 성공 궤도에 올랐다 싶으면 본사를 서울로 옮기는 상황이다. 하지만 이번 포럼에 참여한 경영자들은 그렇지 않았다. 장소는 혁신의 필수 조건이 아니라는 생각이 있기에 가능해 보였다. 인문학은 그러한 판단을 지탱하는 힘이다.

기업이 도시의 마음과
만나는 방법

기획위원 장현정
(부산출판문화산업협회 전 회장)

모든 것의 중심에 '먹고 사는 일', 이른바 경제가 있다. 기업인은 이제 동서양을 막론하고 가장 선망하는 동경의 대상이 되었다. 물론 부작용도 만만치 않다. 다들 물질에만 매몰되다 보니 사람과 사람 사이의 배려가 사라지고 생명 경시 풍조도 심해졌다는 비판이 어제오늘 일이 아니다. 한쪽에는 기업과 자본주의에 대한 무조건적 반감과 비난이, 다른 한쪽에는 반대로 지나친 동경과 선망만 존재하는데 그러는 사이에도 세상은 격변하고 있다. 이제라도 두 눈을 씻고 도시의 미래를 위한 '진짜' 기업의 모습을 직시해야 하지 않을까.

이런 문제의식을 느끼던 차에 마침 부산테크노파크의 전폭적인 지원 아래 '부산아테네포럼 시민아카데미(BACA)'가 출범했다. 첫 강좌의 주제는 '부산 기업정신 탐험'. 2023년 가을부터 해를 넘겨 매달 진행된 강연에서는 하루에도 수십 개의 일정을 소화해야 할 기업 대표들이 모처럼 시민들과 만나 어디서도 들을 수 없는 내밀한 이야기들을 들려주고 기업 활동을 하며 마주친 다양한 문제의식을 공유한 소중한 기회였다.

　역사를 보면 인류 문명을 한 단계 업그레이드시킨 도시들의 배경에는 모두 기업이 있었다. 이탈리아의 도시들이 그렇고, 부르주아 혁명으로 근대를 연 프랑스와 산업혁명으로 혁신을 이룬 영국, 그리고 현대 미국의 뉴욕도 그렇다. 내가 사는 도시의 기업가들은 어떤 생각으로 어떤 일을 해왔고 지금 어떤 일을 도모하고 있을까. 인류는 이제 속도와 욕망에 마비된 근대 문명의 한계를 깨닫고 새로운 공존 공감의 지혜를 추구하는 중이다. 효율과 성장에만 주목하던 기업들도 ESG 경영을 화두로 내세우고 UN도 일찍이 SDGs를 꾸준히 제안해 왔다. 이제 우리는 개발 만능, 성장 만능, 속도 만능, 효율 만능, 아니 애초에 이 '만능'이란 개념 자체에서 벗어나야 한다는 걸 알게 되었다. 그런데 모든 걸 빨아들여 감당하지 못할 만큼 증식한 서울과 수도권이 우리 사회의 다음을 예비할 수 있을까. 미래를 위한 보다 창조적이고 자유로운 시도는 적정 수준의 도시 인프라를 갖추었으면서도 아직 과잉은 아닌 부산에서라면 가능할 것이다.

　부산은 많이들 아는 것처럼 한국을 대표하는 기업들의 고향이다. 해방과 근대화, 한국전쟁과 산업화를 거치며 한국 역사의 중요한 축을 담당했던 부산이 또 한 번 새로운 시대의 물꼬를 터줄 수 있을까. 부산 기업가들의 에너지 넘치는 강연을 듣고 그럴 수 있겠다는 확신을 갖게 되었다. 기형적으로 중앙 집중화된 한국 사회에서 지역에 대한 오해와 편견은 사회발전을 가로막는 큰 걸림돌이기도 하다. 화려한 것만 쫓는 시대에 이 책에 담긴 내용이 지역과 경제, 나아가 우리 삶의 기본을 돌아보는 계기가 될 수 있다면 좋겠다. 앞으로 더 다양한 분야의 전문가들이 서로 만나 소통하며 도시의 마음과 만나 영혼을 아름답게 가꾸어주길 기대해 본다.

아테네포럼 수강생 후기

수강생 명단

강명수, 강석호, 고인실, 공현정, 곽윤진, 곽혜련, 구박, 권수인,

권영찬, 김경화, 김계곤, 김광성, 김동영, 김동우, 김명유, 김민수,

김민철, 김상경, 김성희, 김수림, 김숙진, 김영우, 김용진, 김은숙,

김이형, 김재하, 김정숙, 김주연, 김홍영, 김효진, 나상원, 남형욱,

노애정, 두진화, 류동극, 류옥진, 류희순, 마영준, 박경태, 박다영,

박무희, 박미정, 박복만, 박상복, 박소민, 박은성, 박정숙, 박정태,

박주성, 박주원, 박주형, 박형준, 배정민, 백민규, 서경인, 서종우,

서준범, 손효준, 송무준, 송향은, 신기택, 신민호, 신수철, 신유정,

신지윤, 안영희, 양지영, 엄동현, 여석호, 오용섭, 우건곤, 윤갑수,

윤수경, 이결, 이균학, 이기종, 이다윤, 이민아, 이상금, 이선근,

이선호, 이용삼, 이우성, 이재현, 이준영, 이지은, 이지현, 이진모,

이현우, 장명숙, 전네미, 정성옥, 정수월, 정연승, 정윤미, 정이기,

정지원, 정한나, 정혜선, 조규영, 조홍래, 진태석, 최명순, 최미경,

최민우, 최철민, 추병곤, 하은지, 하태경, 한덕분, 허선애, 허수자

젊은 창업가들과 선배 창업가의 이야기를 들으면서 앞으로 부산의 문제를 풀어나갈 사람들은 바로 창업가라는 사실을 다시 한번 실감했습니다. 과거 산업화 시기에 좋은 시절을 누렸던 부산이 점차 근현대로 넘어오면서 시대의 흐름에서 뒤처진 오늘까지, 어려운 여건 속에서도 계속해서 혁신과 성장을 만들어온 창업가들은 우리에게 포기하지 않는다면 길은 있다는 사실을 증명해 주고 있습니다. 특히, 브이드림 김민지 대표나 소셜빈 김학수 대표는 대학시절부터 창업을 시작했거나 창업 과정에서 여러 번의 사업모델을 바꿔가며 치열하게 성장한 창업가들이기도 합니다. 부산이 공공기관 이전이나 대기업 유치를 통해 새로운 돌파구를 찾고 있지만, 한편으로는 빠르게 성장하는 스타트업들의 열정과 에너지가 더 빨리 부산을 바꿀 수 있을지도 모른다는 생각이 듭니다. 비록 아직은 중견기업들에 비해 회사의 규모가 작고 경영이 서툴지만, 새로운 시장을 발견하고 빠르게 고객의 문제를 해결하며 성장하고 있다는 점에서 부산과 동남권 스타트업들의 활약이 앞으로 더욱 기대됩니다. 아테네포럼에서도 이런 이야기를 담아주셔서 감사하고, 다음 시즌도 응원합니다!

– 수강생 강석호

2024 부산아테네포럼 시민아카데미를 청강하며 지역인문의 자긍심과 향토 기업을 이끌어 온 대표님들의 철학, 힘든 여정, 또 움직일 수 있게 만드는 희망들이 늘 곁에 있음을 깨달을 수 있었다. 의미 있는 인문 강연을 들을 수 있는 기회를 가지게 되어 보람찬 시간들을 보낼 수 있었다. 향후에도 신규 벤처업체나 스타트업에 대한 세부적인 내용의 강연 자리가 마련된다면 더 좋을 것 같다.
알찬 교재와 따뜻한 차로 우리를 맞이해 주신 운영진분들께 감사드린다.

– 수강생 고인실

흔히 고령화가 가장 빠르게 진행되는 부산을 '노인과 바다'에 비유하기도 하지만 이번 강좌에 처음부터 마지막 회차까지 참석한 시민으로서 '세월이 주는 지혜와 경험과 연륜을 살리면서 젊고 멋있고 품위 있게 나이 들면 좋겠다'라고 다짐하는 장(場)이기도 하였다. '나이 때문에 마음이 늙어야 할 이유'는 없는 것이다.

부산은 지산학을 기반으로 빠르게 변화하고 있다. 충분히 매력 있는 스타트업들이 활동 중이며 가능성 있는 도시임을 보여주고 있다. 이번 아카데미가 부산의 스타트업, 중견 강소기업가들, 그리고 부산시민이 함께 공감할 수 있는 자랑스러운 플랫폼으로 자리매김했다고 생각한다. 이런 기회를 마련해 준 부산테크노파크에 감사를 전한다. 1~11회까지 참여한 기업과 대표들은 VIP(Vision+Innovation+Passion)임에 틀림없었다. 분명 그들은 함께하는 세상, 행복한 동행을 꿈꾸고 있었다.

어렵고 힘들었음에도 불구하고 나는 용기를 내어 한 발짝 내딛기로 했다. 길이 있어서 한 발짝 내딛는 게 아니라 한 발짝 내디뎌야 비로소 길이 열린다는 걸 잘 알기 때문이다.

작은 이슬방울이 내(川)를 이루고 강(江)을 이루며 바다에 다다라감을 알고 인내와 용기로 지속적인 미래 성장의 견인차 역할을 해온 대표님들의 의지에 찬 경험담을 들으며 우리도(시민들) 기꺼이 힘과 용기를 보태어 드리고 싶었다. 한 번의 손을 잡는 것으로 충분할 것 같다.

아테네포럼은, 함께한 부산시민 모두에게 공감 능력을 확산해 가는 마중물과 디딤돌의 역할을 확실히 해나갈 것임을 자부하며 이러한 열린 공간의 플랫폼이 있어 너무나 자랑스럽고 그들의 창의성과 다양성에 부산시민도 더욱 성장해 갈 것이라 믿는다.

"Busan is Good"을 외치며, 함께하고 수고하신 모든 분들의 건승을 기원한다.

– 수강생 김숙진

아테네포럼을 통해 누군가의 빛나는 성공 뒤에, 비루하고 처참하고 어둠보다 더 어두운 고난과 실패와 좌절들이 자양분이 되었다는 사실을 알게 되었다. 현재의 성공에 안주하지 않고 다음, 또 그다음을 생각하고 행동하는 습관과 모든 공(供)을 자기가 아닌 운(運)으로 돌리는 그들의 겸손함에, 익을수록 고개를 숙이는 늦가을의 벼 이삭이 떠오른다. 부산이 낳은 이 시대의 구루(Guru)들의 인생을 짧은 시간 동안이지만 공유하고 공감할 수 있는 시간이 되었다.

40대의 직장인이 가질 수 있는 현실과 도전에 대한 무거운 두려움을 모두 품에 안고 다소 갑갑한 심정으로 그들을 만났었지만, 그들과 함께한 시간을 통해 조금씩 그리고 천천히 용기를 내고 있는 내 모습을 느낄 수 있었다.

수영을 하면서 수영을 배우고, 용기를 내면서 용기를 배울 수 있도록 그들은 맹렬한 도전과 개척, 뜨거운 열정과 실패를 이겨내는 뚝심을 전해주었기에, 이제 나는 작지만 담담한 나의 용기의 씨앗을 심어보고자 한다. 결과에 관계없이 한 명의 인간으로서 후회 없는 삶을 살아갈 수 있는 용기를 심어준 아테네포럼과 이 멋진 행사를 준비해 준 모든 분들께도 감사드린다.

그리고 이 멋진 행사가 부산 토박이로 살아온 나에게, 부산에서도 이렇게 멋진 사람들과 함께할 수 있다는 자부심을 가지게 해준 사실도 꼭 기억해 주시기 바란다.

– 수강생 배정민

삶의 우연과 아름다움을 노래하는
두두콘텐츠그룹

**기업가 정신,
도시의 영혼을 만들다**

ⓒ 2024, (재)부산테크노파크

초판 1쇄	2024년 6월 5일
2쇄	2024년 6월 15일

기획	(재)부산테크노파크 김형균, 정혜인, 정윤미
지은이	즐거운 작가들
펴낸이	윤진경
편집	이영빈
디자인	김희연
사진	임소영
마케팅	최문섭, 김윤희

펴낸곳	두두북스
등록	2018년 04월 11일(제2018-000005호)
주소	부산광역시 수영구 연수로357번길 17-8
전화	051-751-8001
팩스	0505-510-4675
전자우편	doodoobooks@naver.com

ISBN 979-11-91694-24-6   03320